LOS DONES DE LA IMPERFECCIÓN

LOS DONES DE LA IMPERFECCIÓN

LIBÉRATE DE QUIEN CREES
QUE DEBERÍAS SER Y ABRAZA
A QUIEN REALMENTE ERES

GUÍA PARA VIVIR DE TODO CORAZÓN

BRENÉ BROWN

AGUILAR

Título original: *The Gifts of Imperfection*
Traducción: Blanca González Villegas y Nora Steinbrun
Diseño de cubierta: Rafael Soria

Los dones de la imperfección

Primera edición: octubre de 2014

D. R. © 2010, Brené Brown
Publicado por acuerdo con Hazelden Foundation, MN (EE.UU)

D. R. © 2014, derechos de la presente edición en lengua castellana:
   Penguin Random House Grupo Editorial USA, LLC., una empresa de
   Penguin Random House Grupo Editorial, S.A. de C.V.
   2023 N.W. 84th Ave.
   Doral, FL, 33122

Comentarios sobre la edición y el contenido de este libro a:
megustaleer@penguinrandomhouse.com

ISBN 978-1-94199-900-4

Printed in USA by HCI Printing

ÍNDICE

Para Steve, Ellen y Charlie.
Os quiero con todo mi corazón.

Prefacio

Admitir nuestra historia y amarnos a nosotros mismos durante todo ese proceso es lo más valiente que podemos llegar a hacer.

Una vez que percibes un patrón de comportamiento, ya no puedes dejar de verlo. Créeme, yo lo he intentado. Pero cuando la misma realidad se repite una y otra vez, es difícil fingir que se trata solo de una coincidencia. En mi caso, por ejemplo, por mucho que intento convencerme de que seis horas de sueño me bastan para funcionar bien, si no duermo al menos ocho me levanto impaciente, ansiosa, y no puedo evitar asaltar la despensa en busca de carbohidratos. Es un patrón de comportamiento. También tengo otro, terrible: acostumbro a dejar las cosas para otro día. Siempre retraso el momento de ponerme a escribir, y para ello no encuentro mejor excusa que reorganizar toda mi casa, invirtiendo una cantidad excesiva de tiempo y dinero en artículos de oficina y sistemas de ordenación. Lo hago constantemente.

Una de las razones por las que nos resulta imposible dejar de ver las tendencias de la conducta es que nuestra mente está diseñada para detectar los patrones de comportamiento y asignarles un significado. Los seres humanos nos caracterizamos por encontrarle significado a todo lo que sucede. Y, para bien o para mal, mi mente está especialmente adaptada a esa tarea; llevo muchos años practicándola y, de hecho, se ha convertido en la herramienta con la que me gano la vida.

Como investigadora, observo la conducta humana para identificar y poner nombre a las conexiones, relaciones y patrones
de comportamiento sutiles que nos ayudan a dar sentido a nuestros pensamientos, conductas y sentimientos.

Me apasiona lo que hago. La búsqueda de patrones de comportamiento constituye un trabajo fantástico y, a lo largo de mi
carrera profesional, las únicas ocasiones en las que intenté ignorar lo que veía se limitaron estrictamente a mi vida personal y a
esas vulnerabilidades que me avergonzaban y tanto me gustaba
negar. Pero todo cambió en noviembre de 2006, cuando el trabajo que llena estas páginas me propinó un bofetón en toda re-
gla. Por primera vez en mi vida profesional anhelaba desespera-
damente dejar de ver lo que mi propia investigación me estaba
revelando.

Hasta aquel momento mi carrera se había centrado en el estudio de emociones tan difíciles como la vergüenza, el miedo y
la vulnerabilidad. Había elaborado informes académicos sobre la
vergüenza, había desarrollado un programa de estudios sobre
la resiliencia * a la vergüenza dirigido a profesionales del campo
de la salud mental y las adicciones, e incluso había escrito un libro sobre ese mismo tema, titulado *Creía que solo me pasaba a
mí (pero no es así)* [1].

Mientras recopilaba las miles de historias que necesitaba para
poder llevar a cabo el estudio —historias de hombres y mujeres

---

* Según la RAE, *resiliencia* es la capacidad humana de asumir con flexibilidad situaciones límite y sobreponerse a ellas. La autora explica más adelante
que entiende por *resiliencia* «la capacidad de reconocer la adversidad, de superarla de forma constructiva conservando la valía y la autenticidad y, en último
término, de desarrollar más coraje, compasión y conexión como resultado de
nuestra experiencia». *(N de la T.)*

[1] Brené Brown, *Creía que solo me pasaba a mí (pero no es así): La verdad
acerca del perfeccionismo, la ineptitud y el poder,* Madrid, Ediciones Gaia, 2013.

residentes en todo Estados Unidos, de entre dieciocho y ochenta y siete años de edad—, observé patrones de comportamiento nuevos que me interesó conocer más a fondo. Sí, todos tenemos que luchar contra la vergüenza y el temor de no estar a la altura de las expectativas de los demás, y está claro que a muchos nos asusta dejar a la vista y dar a conocer nuestro verdadero yo; pero entre aquel enorme montón de datos había también multitud de historias de personas cuya asombrosa forma de vivir la vida bien podía servirnos de inspiración a todos.

Escuché historias que hablaban del poder que confiere aceptar la imperfección y la vulnerabilidad. Conocí la intrincada conexión que existe entre la dicha y la gratitud, y descubrí que ciertas cosas que yo doy por sentadas (como el descanso y el juego) son tan vitales para la buena salud como la nutrición y el ejercicio. Los participantes en la investigación confiaban en sí mismos, y hablaban sobre la autenticidad, el amor y la sensación de pertenencia*de una manera que a mí me resultaba completamente nueva.

Puesto que mi intención era analizar esas historias de forma conjunta, como un todo, cogí una carpeta y un rotulador y escribí en la pestaña la primera expresión que me vino a la cabeza: *De todo corazón.* Todavía no estaba segura de lo que significaba la frase, pero sabía que aquellas historias trataban de personas que vivían y amaban poniendo en ello, precisamente, todo su corazón.

Y entonces me surgieron un montón de preguntas. ¿Qué era

---

* Cuando la autora habla de «pertenencia» se está refiriendo a sentir que formamos parte de nuestro círculo de manera natural, siendo como somos, sin necesidad de forzarnos ni de cambiar nada en nuestra forma de vida para acoplarnos a las expectativas de los demás. Este concepto se explica más detalladamente en el «Hito 1: Cultivar la autenticidad: Líbrate de la preocupación por lo que puedan pensar los demás», p. 91. *(N. de la T.)*

lo que aquella gente valoraba? ¿Cómo conseguían generar tanta resiliencia en la vida? ¿Cuáles eran sus principales motivos de preocupación y de qué manera lograban resolverlos o afrontarlos? ¿Acaso cualquier persona puede vivir su vida «de todo corazón»? ¿Qué hace falta para cultivar todo lo necesario para lograrlo? ¿Cuáles son los obstáculos que se interponen habitualmente en el camino?

Cuando empecé a analizar las historias y a buscar los temas que se repetían con más frecuencia, me di cuenta de que, en líneas generales, los patrones de comportamiento podían organizarse en dos columnas, que, por facilitar la tarea, etiqueté en principio como *Hacer* y *No hacer*. La columna *Hacer* rebosaba palabras como valía personal, descanso, juego, confianza, fe, intuición, esperanza, autenticidad, amor, pertenencia, dicha, gratitud y creatividad. La de *No hacer* destilaba términos como perfección, adormecimiento, certidumbre, agotamiento, autosuficiencia, compostura, encajar, juicio y sensación de no tener suficiente.

La primera vez que me paré a ver lo que había escrito, me quedé de piedra. Casi me da un ataque. Recuerdo que murmuré: «No. No. No. Es imposible».

Aunque era yo misma quien había redactado aquellas listas, el hecho de leerlas me causó una gran impresión. Siempre que realizo una investigación y apunto los datos que voy recopilando, me centro únicamente en reflejar con exactitud lo que he escuchado en las historias. No pienso en cómo diría yo algo, sino únicamente en cómo lo dijeron las personas que participaron en el estudio; tampoco pienso en lo que una determinada experiencia significaría para mí, sino que me limito a analizar lo que significó para la persona que me la contó.

Así que me quedé muchísimo rato allí sentada, delante de la mesa del desayuno, contemplando las dos listas. Mis ojos vagaban por el papel escrito; subían, bajaban y lo recorrían de un lado a otro. En un momento dado noté que los tenía llenos de lágrimas y que me estaba tapando la boca con la mano, como una persona a la que acaban de dar una mala noticia.

Y, de hecho, lo que acababa de descubrir era, efectivamente, una mala noticia. Creía que iba a comprobar que la gente que vive de todo corazón es exactamente como yo y hace las mismas cosas que yo hago: trabajar duro, seguir las reglas, repetir las cosas hasta que salen bien, esforzarse constantemente por conocerse mejor, educar a sus hijos tal y como explican los libros... En resumen, que después de haber pasado una década estudiando temas tan complicados como la vergüenza, merecía que me confirmaran que «vivía de forma correcta».

Sin embargo, he aquí la dura lección que aprendí aquel día (y todos los días a partir de entonces):

> *Es importantísimo que nos conozcamos y nos comprendamos a nosotros mismos, pero para vivir una vida de todo corazón hay algo todavía más esencial: que nos amemos a nosotros mismos.*

El conocimiento es importante, pero solo si actuamos con bondad y ternura frente a nuestra propia persona mientras trabajamos en pos de descubrir quiénes somos. Vivir de todo corazón está tan relacionado con aceptar nuestra ternura y nuestra vulnerabilidad como con desarrollar el conocimiento y el poder de reivindicar lo que nos interesa.

Y probablemente la más cruel de todas las lecciones que aprendí aquel día, tan impactante para mí que me dejó sin aire, fue la siguiente: los datos confirmaban que es imposible que ofrezcamos a nuestros hijos lo que no tenemos. El punto que hayamos alcanzado en nuestro viaje hacia la vida y el amor de todo corazón determina mucho mejor nuestro éxito como padres que cualquier otra cosa que podamos aprender en los libros.

Vivir y amar de todo corazón es una tarea que compromete, a partes iguales, al corazón y a la cabeza, es decir, a nuestra parte emocional y a nuestra parte mental; y allí sentada, en aquel lúgubre día de noviembre, comprendí que tenía que trabajar más mi parte emocional.

Al final me puse de pie, cogí el rotulador que había dejado en la mesa, subrayé la columna *No hacer* y escribí debajo la palabra *yo*. En aquella lista parecían resumirse a la perfección todas mis dificultades y luchas internas.

Crucé los brazos con fuerza sobre el pecho, me hundí en la silla y pensé: «Estupendo. Esta maldita lista, la lista de lo que no se debe hacer, define perfectamente lo que yo hago en la vida».

Caminé por toda la casa durante unos veinte minutos intentando dejar de ver lo que acababa de descubrir, tratando de deshacerlo de alguna manera; pero estaba claro que no podía hacer desaparecer las palabras. No había vuelta atrás, así que hice lo que en aquel momento me pareció mejor: doblé con cuidado todas las hojas en cuatro y las guardé en una caja de plástico que encajaba perfectamente debajo de mi cama, junto al papel de envolver los regalos de Navidad. No volví a abrir la caja hasta marzo de 2008.

A continuación busqué una terapeuta realmente buena y empecé un año de trabajo espiritual en serio que cambiaría mi vida para siempre. Diana —mi terapeuta— y yo todavía nos reímos al recordar la primera visita. Ella, que trabaja como terapeuta de terapeutas, empezó con el imprescindible: «¿Y qué es lo que te ocurre?». Así que yo saqué la lista de *Hacer* y, como si tal cosa, le solté: «¿Ves esta lista? Pues necesito que mi vida se ajuste más a ella. Me vendría muy bien que me dieras algunos consejos y herramientas concretos. Nada de profundizar. Nada de estupideces de la niñez ni cosas así».

Fue un año largo. En mi blog me refiero literalmente a él de forma cariñosa como el «~~Colapso~~ Despertar Espiritual de 2007», tachón incluido. A mí me parecía un colapso de manual, pero Diana lo denominó «despertar espiritual». Y creo que las dos teníamos razón. De hecho, estoy empezando a dudar de que puedan experimentarse ambas cosas de forma independiente.

No es casual que este despertar se produjera en noviembre de 2006, porque los astros estaban perfectamente alineados para un colapso: yo tenía las defensas bajas porque acababa de dejar los carbohidratos, faltaban unos días para mi cumpleaños (que siempre supone para mí un momento de reflexión), estaba agotada por el trabajo y me encontraba en el punto culminante de algo que podríamos denominar «el despertar de la mediana edad».

Puede que la gente considere que lo que sucede en la mediana edad es una «crisis», pero no es así. Se trata de una especie de aclaración, un momento en el cual desenredas el embrollo en que se ha convertido tu vida y descubres lo que quieres de verdad; una época en la que sientes un impulso desesperado de vivir la vida que quieres, y no la que «se supone» que debes vivir. En ese período el universo te desafía a desechar lo que crees que debes ser y a aceptar lo que eres.

La mediana edad es, sin duda, uno de los grandes viajes aclaradores que se producen en el transcurso de la vida, aunque también existen otros:

- el matrimonio
- el divorcio
- la paternidad
- la enfermedad
- un cambio de casa
- la marcha de un hijo
- la jubilación
- una pérdida o un trauma
- un trabajo que nos absorbe el alma

El universo no anda corto de señales de aviso. Lo que pasa es que las acallamos enseguida.

Resultó que el trabajo que tuve que llevar a cabo fue arduo y profundo. Un viaje muy laborioso, sin duda, hasta que un día, exhausta y, como quien dice, con el barro todavía húmedo en las botas, me di cuenta: «Dios mío, me noto distinta. Me siento alegre y verdadera. Todavía tengo miedo, pero también creo que ahora soy realmente valiente. Algo ha cambiado en mí. Lo noto en los huesos».

Me sentía más sana, alegre y agradecida que nunca. Estaba también más tranquila, con los pies en la tierra, mucho menos angustiada. Había reencendido mi vida creativa, me había vuelto a conectar con mi familia y mis amigos de una forma nueva, y, lo más importante de todo, me encontraba verdaderamente a gusto en mi propia piel por primera vez en toda mi vida.

Aprendí a preocuparme más por cómo me sentía y menos por «lo que iba a pensar la gente». Estaba estableciendo límites nuevos y empezaba a abandonar mi necesidad de agradar, de cumplir con todo y de buscar la perfección. En lugar de decir «claro» (y quedarme después resentida y molesta), empecé a decir «no»; en lugar de decir «Suena bien, pero tengo mucho trabajo pendiente» o «Lo haré cuando esté _____ (más delgada, menos ocupada, mejor preparada)», comencé a decir «¡Pues claro que sí!».

Mientras emprendía —con ayuda de Diana— mi propio viaje hacia una vida de todo corazón, leí casi cuarenta libros, incluidas todas y cada una de las historias de despertar espiritual a las que pude echar el guante. Sin lugar a dudas, eran unas guías increíblemente útiles; pero yo seguía echando en falta alguna que me ofreciera inspiración y recursos y actuara básicamente como una especie de compañera del alma durante mi viaje.

Un día, mientras contemplaba el enorme montón de libros apilados de forma precaria sobre mi mesita de noche, me vino la inspiración. «Quiero contar esta historia en unas memorias. Contaré de qué manera una investigadora cínica y sabelotodo llegó a ser, punto por punto, el estereotipo que había pasado toda su vida adulta criticando, y explicaré cómo he llegado a convertirme en una buscadora espiritual de mediana edad en terapia de deshabituación, consciente de su salud, creativa y sensible, que se pasa los días meditando sobre la gracia, el amor, la gratitud, la creatividad, la autenticidad, y se siente más feliz de lo que jamás podría haber imaginado. Lo llamaré *De todo corazón*».

También recuerdo que pensé: «¡Antes de escribir esas memorias tengo que usar esta investigación para elaborar una guía sobre cómo vivir de todo corazón!». Para mediados de 2008 ya había llenado tres cajas enormes de cuadernos, diarios y montones de datos. También había pasado infinidad de horas realizando nuevas investigaciones. Tenía todo lo que necesitaba, incluso un deseo apasionado de escribir el libro que ahora tienes en la mano.

Aquel fatídico día de noviembre en el que apareció la lista y yo me hundí al darme cuenta de que no estaba viviendo ni amando con todo el corazón, no estaba totalmente convencida de la veracidad de mis descubrimientos. Ver la lista no era suficiente para creer plenamente en ella. Tuve que ahondar mucho y tomar la *decisión consciente* de creer…, de creer en mí misma y en la posibilidad de vivir una vida diferente. Un montón de preguntas, muchas lágrimas y una gigantesca colección de momentos alegres después, creer me ha ayudado a ver.

Ahora veo que el hecho de reconocer nuestra historia y de querernos a nosotros mismos durante todo ese proceso es lo más valiente que podremos hacer jamás.

Ahora veo que cultivar una vida de todo corazón no es como intentar llegar a un destino, sino como caminar hacia una estrella: jamás llegaremos, pero sabemos, sin lugar a dudas, que estamos avanzando en la dirección correcta.

Ahora veo que dones como el coraje, la compasión y la conexión solo funcionan cuando los ejercitamos. Y no de vez en cuando, sino a diario.

Ahora veo que el trabajo de *cultivar* y *librarse de* al que hago referencia en los diez «hitos» —que es como he denominado a cada uno de los capítulos que describen las características de la vida de todo corazón— no forma parte de la «lista de cosas pendientes». No es algo que consigamos o alcancemos y que después tachemos de la lista. Es un trabajo de toda la vida. Es el trabajo del alma.

En mi caso, creer fue lo que me hizo ver. Primero. creí, y a partir de entonces fui capaz de ver que no solo podemos cambiarnos realmente a nosotros mismos, sino también a nuestras familias y comunidades. Lo único que tenemos que hacer es encontrar el coraje de vivir y amar con todo nuestro corazón. ¡Así que es para mí un honor emprender este viaje contigo!

AGRADECIMIENTOS

Mi gratitud más profunda a:

Patricia Broat, Karen Casey, Karen Chernyaev, Kate Croteau, April Dahl, Ronda Dearing, Sid Farrar, Margarita Flores, Karen Holmes, Charles Kiley, Polly Koch, Shawn Ostrowski, Cole Schweikhardt, Joanie Shoemaker, Dave Spohn, Diana Storms, Ashley Thill, Sue Thill, Alison Vandenberg, Yolanda Villarreal, Jo-Lynne Worley, mis amigos de Move-a-Body, mi familia y los Lovebombers.

Introducción
Vivir de todo corazón

VIVIR DE TODO CORAZÓN SIGNIFICA comprometernos con nuestra vida reconociendo nuestra valía personal. Significa cultivar el coraje, la compasión y la conexión para despertarnos por la mañana y pensar: «No importa lo que deje hecho ni cuánto quede por hacer; soy suficiente tal cual soy». Es irse a la cama por la noche pensando: «Sí, soy imperfecta y vulnerable, y a veces tengo miedo, pero eso no cambia el hecho de que también soy valiente y de que merezco recibir amor y sentir que pertenezco».

EL VIAJE

Vivir de todo corazón no es una decisión que tomemos en un momento concreto y que ya no nos exija hacer nada más, sino que implica seguir todo un proceso. De hecho, yo creo que es un viaje que dura toda la vida. Mi objetivo es aportar consciencia y claridad a la constelación de posibilidades que conducen a una vida de todo corazón, y compartir lo mucho que he aprendido de una gran cantidad de gente que se ha dedicado a vivir y a amar justamente así, desde el corazón.

Pero antes de embarcarnos en cualquier viaje, este incluido, es importante que dediquemos unos momentos a hablar de lo que tenemos que llevar con nosotros. ¿Qué hace falta para vivir y amar desde el reconocimiento de nuestra valía personal? ¿Cómo asumimos la imperfección? ¿Cómo cultivamos lo que necesitamos y nos libramos de todo aquello que nos está limitando? La respuesta a todas estas preguntas es: con coraje, compasión y conexión, que son las herramientas que necesitamos para ir abriéndonos camino en nuestro viaje.

Si estás pensando: «Estupendo. Para combatir el perfeccionismo solo necesito ser un superhéroe», te comprendo. El coraje, la compasión y la conexión pueden parecer unos ideales elevados y sublimes, pero en realidad se trata solo de prácticas cotidianas que, cuando se ejercitan lo suficiente, se convierten en los dones más increíbles de nuestra vida. Y lo mejor de todo es que son precisamente nuestras vulnerabilidades las que nos obligan a recurrir a tan asombrosas herramientas. Puesto que somos humanos y, por tanto, bellamente imperfectos, al utilizar estas herramientas a diario nos acostumbramos a practicar con ellas. Y así es como el coraje, la compasión y la conexión se convierten en dones: los dones de la imperfección.

He aquí lo que vas a encontrar en las próximas páginas. En el primer capítulo te explicaré lo que he aprendido sobre el coraje, la compasión y la conexión, y analizaré por qué constituyen realmente las herramientas adecuadas para desarrollar la valía personal.

Cuando tengamos ya más o menos claras las herramientas que vamos a emplear en este viaje, en el capítulo siguiente nos ocuparemos del meollo del asunto: el amor, la pertenencia y la valía personal. Responderé a algunas de las preguntas más difíciles que se me han planteado en el transcurso de toda mi carrera: ¿qué es el amor? ¿Es posible amar a alguien y, aun así, traicionarlo? ¿Por qué nuestra necesidad constante de encajar sabotea la posibilidad de experimentar realmente una sensación de pertenencia? ¿Es posible amar a las personas que forman parte de nuestra vida (a nuestra pareja y a nuestros hijos, por ejemplo) más de lo que nos amamos a nosotros mismos? ¿Cómo definimos la valía personal y por qué es tan frecuente que consideremos que debemos afanarnos por conseguirla en lugar de creer simplemente que somos de verdad personas valiosas?

Realmente, en todos los viajes que emprendemos encontramos obstáculos, y el viaje hacia una vida de todo corazón no es ninguna excepción. En el siguiente capítulo exploraremos las que, según he podido comprobar en mis investigaciones, constituyen las mayores barreras para vivir y amar con todo nuestro corazón, así como el modo de desarrollar estrategias efectivas para franquearlas y cultivar la resiliencia.

A partir de ahí estudiaremos los diez hitos que jalonan el viaje de la vida de todo corazón, unas prácticas diarias que nos van indicando la dirección que debe seguir este viaje. Hay un capítulo para cada uno de estos hitos, y cada capítulo está ilustrado con historias, definiciones, citas e ideas que nos permiten tomar decisiones deliberadas e inspiradas sobre nuestra forma de vivir y amar.

CÓMO DEFINIR LOS MOMENTOS DEL VIAJE

En este libro aparecen de forma constante una serie de palabras que solemos utilizar para designar conceptos importantes, como *amor, pertenencia* y *autenticidad*. En mi opinión, resulta esencial definir estas palabras tan etéreas que todos los días lanzamos al aire una y otra vez pero cuyo significado casi nunca explicamos. Y estoy convencida de que las buenas definiciones deben ser accesibles y prácticas. Por eso he intentado definir estos términos de un modo que nos ayude a destriparlos y a investigar las partes que los componen. Solo cuando vamos más allá del significado meramente agradable de las palabras y ahondamos en ellas, cuando escarbamos en aquellas actividades y experiencias cotidianas que *ponen el corazón* en la vida de todo corazón, logramos ver con claridad de qué manera define la gente los conceptos que impulsan sus actos, creencias y emociones.

Por ejemplo, cuando los participantes en mi investigación hablaban de un concepto como el *amor*, yo me esforzaba por definirlo tal y como ellos lo experimentaban. A veces eso me exigía desarrollar definiciones nuevas (como, de hecho, hice con *amor* y muchas otras palabras). Pero en otras ocasiones, cuando me ponía a buscar en la literatura existente, encontraba definiciones que captaban a la perfección el espíritu de las experiencias que habían relatado los participantes. Un buen ejemplo de ello es *juego*. El juego es un componente esencial de la vida de todo corazón, y cuando me puse a investigar sobre el tema descubrí la fascinante obra del doctor Stuart Brown[1], que refleja con exactitud lo que aprendí mientras investigaba. Por eso, en lugar de crear una definición nueva del término *juego*, he decidido limitarme a hacer referencia a las palabras del doctor Brown sobre el tema.

Soy consciente de que las definiciones disparan la controversia y el desacuerdo, pero no me importa. Prefiero que debatamos el significado de las palabras que son importantes para nosotros a que no las discutamos en absoluto. Necesitamos un lenguaje común que nos ayude a adquirir consciencia y a entender lo que estamos tratando, porque ambos factores son esenciales para vivir de todo corazón.

---

[1] Stuart Brown y Christopher Vaughan, *Play: How It Shapes the Brain, Opens the Imagination, and Invigorates the Soul*, Nueva York, Penguin Group, 2009.

DAR MÁS

A principios de 2008, cuando mi blog estaba todavía recién salido del horno, escribí un artículo sobre la idea de romper mi «botón de dar más». ¿Sabes lo que es el «botón de dar más»? Es aquel al que recurres cuando estás demasiado agotado para levantarte una vez más en mitad de la noche, cuando tienes que poner una lavadora más de ropa manchada de vómitos o diarrea de tu bebé, cuando hay que coger otro avión más, cuando debes devolver una llamada más o cuando necesitas agradar más, rendir más o buscar todavía más la perfección, tal como sueles hacer incluso cuando lo único que te apetece es dedicarle un corte de mangas a alguien y esconderte bajo las sábanas.

El «botón de dar más» es un nivel secreto de las profundidades de nuestro ser que nos sirve para sacar fuerzas de flaqueza y seguir adelante cuando nos sentimos agotados y abrumados y tenemos demasiadas cosas que hacer y demasiado poco tiempo para cuidar de nosotros mismos.

En la publicación de mi blog expliqué que había tomado la decisión de no volver a pulsar mi «botón de dar más». Me había prometido a mí misma que, siempre que me sintiera agotada desde el punto de vista emocional, físico y espiritual, iba a intentar ir más despacio, procurando tomarme las cosas con más calma y sin recurrir a mis viejas reservas, que consistían en no quejarme, redoblar mis esfuerzos y tirar para adelante.

Durante un tiempo funcionó, pero echaba de menos mi botón. Echaba de menos tener algo a lo que recurrir cada vez que me sentía agotada y hundida. Necesitaba una herramienta que me ayudara a salir a flote en los momentos difíciles, así que volví a echar mano de mis investigaciones para ver si podía encontrar en ellas una forma de «dar más» que estuviera en consonancia con la vida de todo corazón. Tenía la esperanza de que existiera algo mejor que limitarme a callar y tragarme los problemas.

Y he aquí lo que encontré: los hombres y mujeres que viven de todo corazón sí que son capaces de DAR más. Lo que pasa es que lo hacen de otra forma. Cuando se sienten agotados y abrumados por la situación en la que se encuentran, se muestran:

Deliberados en sus pensamientos y conductas. Para ello se valen de la oración y la meditación o, sencillamente, expresan con claridad lo que quieren conseguir;

Abiertos a la inspiración, lo que les permite tomar decisiones nuevas y diferentes, y

Responden activamente. No se quedan parados, sino que pasan a la acción.

Desde que hice este descubrimiento, he estado practicando esta forma nueva de DAR más y el resultado ha sido sorprendente. Hace unos días, por ejemplo, me di cuenta de repente de que, en lugar de trabajar, estaba vagando distraída por Internet. Lo único que hacía era malgastar mi tiempo en el ordenador, jugueteando con Facebook de forma mecánica, sin prestar atención a lo que hacía. Ni me estaba relajando ni estaba produciendo; solo estaba derrochando inútilmente una cantidad enorme de tiempo y energía.

Entonces decidí probar la nueva forma de DAR más: ser deliberada, abrirme a la inspiración y responder activamente. Me dije a mí misma: «Si lo que necesitas es recuperar fuerzas, y perderte en Internet te resulta divertido y relajante, estupendo. Si, por el contrario, no te resulta divertido ni relajante, haz algo que de verdad te relaje. Encuentra algo que te inspire y no sigas con lo que no hace más que debilitar tu espíritu. Y por último, pero no menos importante, ¡levántate y hazlo!». Cerré el portátil, recé una pequeña oración para recordarme que debía ser clemente conmigo misma y me puse a ver una película que me había comprado y descargado hacía más de un mes. Fue justo lo que necesitaba.

No recurrí a mi forma antigua de dar más, que era tirar para adelante. Si lo hubiera hecho, me habría obligado a mí misma a ponerme a trabajar o a hacer algo productivo. En lugar de eso, me dediqué con devoción, intención y deliberación a una actividad que en aquel momento me ayudó a reponerme.

En cada uno de los hitos del libro encontrarás una sección dedicada a DAR más, que tiene el propósito de ayudarnos a pensar cómo adoptar una actitud deliberada e inspirada a la hora de tomar decisiones y de qué manera pasar a la acción. En ella te cuento mis estrategias personales y te animo a que vayas descubriendo las tuyas, porque he comprobado que estas estrategias nuevas han resultado ser mucho más efectivas que el antiguo «tirar para adelante».

LO QUE ESPERO APORTAR

En este libro se habla constantemente de temas poderosos como la autocompasión, la aceptación y la gratitud. No soy la primera persona que se dedica a tratar estos asuntos y estoy segura de que tampoco soy la investigadora más lista ni la escritora de más talento del mundo. Lo que sí soy, sin embargo, es la primera persona que explica de qué manera estos conceptos de autocompasión, aceptación y gratitud funcionan de forma individual y en conjunto para permitirnos cultivar una vida de todo corazón. Y, lo que es todavía más importante, soy sin lugar a dudas la primera persona que aborda estos temas desde la perspectiva de quien ha pasado muchos años estudiando la vergüenza y el miedo.

No sabes la cantidad de veces que he deseado abandonar mis investigaciones sobre la vergüenza. Resulta extremadamente duro dedicar tu carrera a estudiar temas que provocan aprensión a la gente. Han sido varias las ocasiones en que he levantado los brazos, literalmente, y he exclamado: «Me rindo. Es demasiado difícil. Hay muchísimas otras cosas, más agradables, que se pueden estudiar. ¡Quiero dejar este tema y dedicarme a algo diferente!». No fui yo quien eligió estudiar la vergüenza y el miedo; fueron estos temas los que me eligieron a mí para que los investigara.

Ahora sé por qué. Esas investigaciones eran lo que yo necesitaba —profesional y personalmente— para poder llevar a cabo este trabajo sobre la vida de todo corazón. Podemos estar hablando de coraje, amor y compasión hasta que nuestras palabras nos hagan parecer un escaparate gigante de tarjetas de felicitación, pero a menos que estemos dispuestos a mantener una conversación honesta sobre todas las cosas que nos impiden ponerlos en práctica en nuestra vida, jamás cambiaremos nuestra forma de vivir. Nunca jamás.

El coraje como concepto suena bien, pero tenemos que darnos cuenta de que, para poder cultivarlo, es imprescindible que dejemos de preocuparnos por lo que los demás puedan pensar de nosotros, y esa es una actitud que a casi todo el mundo le da miedo. La compasión, por su parte, es algo que todos queremos dar y recibir, pero ¿estamos dispuestos a analizar por qué para conseguirla no hay más remedio que establecer límites y decir «no»? ¿Estamos dispuestos a decir «no» aunque con ello vayamos a decepcionar a alguien? La sensación de pertenencia es un componente esencial de la vida de todo corazón, pero para poder sentirnos plenamente integrados tenemos que cultivar primero la autoaceptación… ¿Y por qué nos resulta tan difícil aceptarnos a nosotros mismos?

Antes de empezar a escribir, me hago siempre la misma pregunta: «¿Por qué puede merecer la pena que escriba este libro? ¿Qué es lo que espero que aporte a los demás?». Lo paradójico del caso es que estoy convencida de que la contribución más valiosa que puedo hacer al constante debate sobre el amor, la pertenencia y la valía personal brota de mis experiencias como investigadora de la vergüenza.

Afrontar este trabajo entendiendo plenamente por qué nuestras películas interiores y los duendecillos de la vergüenza nos hacen sentir constantemente asustados e insignificantes me permite hacer algo más que presentar grandes ideas abstractas; en efecto, ver el tema desde esta nueva perspectiva me concede la posibilidad de compartir estrategias reales que nos ayudan a cambiar nuestra forma de vivir. Si queremos saber por qué nos asusta tanto dejar que se vea y se conozca nuestro verdadero yo, debemos comprender el poder que ejercen sobre nosotros la vergüenza y el miedo. Si no somos capaces de enfrentarnos al *nunca valdrás lo suficiente* y al *¿quién te has creído que eres?*, jamás podremos avanzar.

Sinceramente, confieso que me habría gustado saber lo que sé ahora durante aquellos momentos de mi pasado en los que, enfrascada hasta las cejas en la investigación sobre la vergüenza, me desesperaba y me sentía vencida. Si pudiera volver atrás y susurrarme algo al oído, me diría lo mismo que te digo a ti mientras emprendemos juntos este viaje:

> *Reconocer nuestra propia historia puede resultar duro, pero es mucho más fácil que pasarnos la vida escapando de ella. Asumir nuestras debilidades es arriesgado, pero no tan peligroso como renunciar al amor, la sensación de pertenencia y la dicha, experiencias todas ellas que nos hacen sentir vulnerables. Solo cuando tengamos la valentía suficiente para explorar nuestros lados oscuros descubriremos el poder infinito de nuestra luz.*

CORAJE, COMPASIÓN Y CONEXIÓN: LOS DONES DE LA IMPERFECCIÓN

PRACTICAR EL CORAJE, la compasión y la conexión en nuestra vida diaria es lo que nos permite darnos cuenta y convencernos de que somos personas valiosas. Lo fundamental es practicar estos valores de forma constante. La teóloga Mary Daly escribe: «El coraje es como… una predisposición, un hábito, una virtud; la forma de adquirirlo es realizando actos valientes. Es como aprender a nadar nadando. El coraje solo se aprende poniéndolo en práctica». Y lo mismo podemos decir de la compasión y de la conexión. Para que la compasión pueda entrar en nuestra vida es necesario que nos dediquemos a actuar de forma compasiva con nosotros mismos y con los demás. De igual modo, solo podemos sentirnos conectados si somos nosotros los que tendemos la mano y nos conectamos con la gente que nos rodea.

Antes de definir estos conceptos y de contarte cómo funcionan, quiero mostrarte de forma práctica cómo actúan juntos en la vida real. Quiero que veas qué hay que hacer para ejercitarlos. Lo que viene a continuación es una historia que me sucedió a mí y que está relacionada con el coraje que se necesita para tender la mano, la compasión que surge al decir «a mí también me ha pasado» y las conexiones que alimentan nuestro convencimiento de que somos personas valiosas.

LA CRISIS DE VERGÜENZA
DE UNA MERCENARIA

Un día recibí una invitación de la directora de una gran escuela pública de enseñanza primaria y del presidente de la asociación escolar de padres y profesores para hablar ante un grupo de padres sobre la relación que existe entre la resiliencia y el establecimiento de límites. Por aquel entonces me encontraba en pleno proceso de recogida de datos sobre cómo ser padres y educadores de todo corazón, así que semejante oportunidad me hizo mucha ilusión. Ni imaginaba en la que me estaba metiendo.

Nada más entrar en el auditorio de la escuela, sentí una especie de vibración muy extraña procedente del grupo de padres. Parecían estar bastante agitados. Pregunté a la directora si había algún problema, pero ella se encogió de hombros y se alejó. El presidente de la asociación de padres y profesores tampoco quiso decirme nada. Yo lo achaqué a mis nervios e intenté sacudirme aquella sensación de encima.

Desde la primera fila de butacas escuché la presentación de la directora. Debo aclarar que las presentaciones en público siempre me resultan de lo más incómodas, porque mientras alguien se dedica a repasar mi lista de méritos, yo intento en secreto aplacar las ganas de vomitar y me convenzo a mí misma de que no debo salir corriendo. Pero aquella presentación superó todo lo que yo había experimentado jamás.

La directora decía cosas como: «Puede que no os guste lo que vais a escuchar esta noche, pero debemos oírlo por el bien de nuestros hijos. ¡La doctora Brown está aquí para transformar nuestra escuela y nuestra vida! Nos va a poner firmes, ¡nos guste o no!».

Hablaba muy alto, en tono agresivo, y parecía estar enfadadísima. Me sentí como si me estuvieran presentando para participar en un combate de lucha libre. Solo faltaban, para completar el cuadro, una música rapera y unas cuantas luces estroboscópicas.

Volviendo la vista atrás comprendo que debería haberme acercado al estrado para aclarar la situación. Tendría que haber dicho, por ejemplo:

—Perdonad, pero esta situación me está haciendo sentir muy incómoda. Me hace mucha ilusión estar aquí, pero quiero dejar claro que no he venido a poner firme a nadie. Tampoco quiero que creáis que voy a intentar transformar vuestra escuela en una hora. ¿Alguien me podría explicar qué es lo que está pasando?

Sin embargo, no lo hice. Me limité a empezar a hablar con mi actitud vulnerable habitual, esa con la que pretendo transmitir el mensaje de «soy investigadora, pero también una madre que tiene que pelear con sus hijos». La suerte estaba echada. Aquellos padres no estaban receptivos. Lo único que yo percibía era una fila tras otra de miradas furibundas.

Delante de todo vi a un hombre con los brazos cruzados y los dientes tan apretados que parecía que se le iban a saltar las venas del cuello. Cada tres o cuatro minutos se revolvía en el asiento, ponía los ojos en blanco y soltaba los suspiros más fuertes que yo haya oído jamás. Eran tan potentes que casi no me atrevería a llamarlos suspiros; más bien daba la impresión de que estuviera exclamando algo parecido a un «¡ejem!»... Aquella conducta tan desagradable molestaba visiblemente a las personas que se encontraban sentadas junto a él. Y si bien el resto del auditorio seguía mostrándose inexplicablemente descontento conmigo, aquel hombre estaba consiguiendo que la velada resultara insoportable para todos.

Como experta profesora y conductora de grupos que soy, sé cómo manejar estas situaciones y normalmente me siento muy cómoda haciéndolo. Cuando una persona está molestando a las demás, solo tenemos dos opciones: ignorarla o hacer una pausa para reprocharle en privado su conducta inapropiada. Sin embargo, aquella grotesca experiencia me había dejado tan aturdida que hice lo peor que podía haber hecho en una situación semejante: intenté impresionar a aquel hombre.

Me puse a hablar más fuerte y me animé. Cité estadísticas espeluznantes, tomadas de distintas investigaciones, capaces de poner histérico a cualquier padre. Renuncié a mi autenticidad y administré a mis oyentes una buena dosis de *más os vale escucharme o vuestros hijos van a dejar la escuela en tercero, se van a fugar de casa, van a convertirse en drogadictos y van a cometer todo tipo de excesos.*

Imposible. Nada de lo que dije consiguió impresionarle tan siquiera un poquito.

No me concedió ni un sutil asentimiento de cabeza, ni una ligera sonrisa. Lo único que logré fue poner histéricos a los otros doscientos cincuenta padres, muy enfadados ya de por sí antes del episodio. Fue un desastre total. Intentar cooperar con alguien como aquel hombre o pretender ganarle es siempre un error, porque significa renunciar a tu autenticidad a cambio de hacer todo lo posible por obtener su aprobación. Dejas de creer en tu valía personal y empiezas a afanarte por conseguir que el otro te la reconozca. Y eso era, ni más ni menos, lo que yo estaba haciendo en aquel momento.

En cuanto terminé la charla, recogí mis cosas y caminé, o más bien corrí, hasta el coche. Salí del aparcamiento mientras notaba cómo se me iba encendiendo la cara por momentos; me sentía muy pequeña y el corazón me latía a cien por hora. Intenté no dedicarme a repetir mentalmente mi estúpida actuación, pero me era imposible dejar de pensar en ella. La crisis de vergüenza se estaba cociendo.

Cuando los vientos de la vergüenza me azotan por todas partes, me resulta casi imposible encontrar un enfoque positivo de la situación o recordar algo bueno de mí misma. Por eso me dediqué de lleno a la nefasta actividad de echarme una enorme bronca a mí misma diciéndome: «Dios mío, pero mira que soy idiota. ¿Por qué hice semejante cosa?».

El mayor regalo que he recibido por haber hecho este trabajo, y me estoy refiriendo tanto a la investigación como a mi propio trabajo personal, es que puedo reconocer la vergüenza en cuanto se presenta. En primer lugar, conozco los síntomas físicos que provoca en mí: se me seca la boca, el tiempo se ralentiza, aparece la visión en túnel, me sonrojo y el corazón se me desboca. Sé que la dolorosa experiencia de reproducir en mi cabeza a cámara lenta una y otra vez lo ocurrido es una señal de alarma.

También sé que lo mejor que podemos hacer en estos casos es algo que, a primera vista, parece totalmente irracional: ¡poner en práctica el coraje y tender la mano buscando la ayuda de otra persona! Tenemos que admitir nuestra propia historia y compartirla con alguien que se haya ganado el derecho a escucharla, alguien que sepamos que va a respondernos de forma compasiva. Necesitamos tener coraje y percibir compasión y conexión, y lo necesitamos lo antes posible.

La vergüenza odia que tendamos la mano y contemos nuestra historia a otras personas. Detesta que la expresemos con palabras, porque no puede sobrevivir si la compartimos con los demás. Lo que a la vergüenza le encanta es el secretismo, y por esa razón lo más peligroso que podemos hacer después de sufrir una experiencia vergonzante es intentar esconder o enterrar nuestra historia. Cuando lo hacemos, la vergüenza experimenta una metástasis. Recuerdo que dije en voz alta:

—Necesitas hablar con alguien AHORA MISMO. ¡Sé valiente, Brené!

Pero ahora viene la parte espinosa de la compasión y la conexión: no podemos llamar a cualquiera. No es tan sencillo. Yo tengo muchos buenos amigos, pero solo existe un puñado de personas en el mundo a las que puedo recurrir para que me muestren la compasión que necesito cuando estoy hundida en el pozo de la vergüenza.

Si compartimos nuestra historia vergonzante con la persona equivocada, corremos el riesgo de que lo que hemos contado se vuelva contra nosotros y acabe convertido en más basura volando por los aires en medio de una tormenta de vergüenza ya peligrosa de por sí. En una situación como esta necesitamos encontrar una conexión sólida, algo parecido a un árbol robusto firmemente plantado en la tierra. Tenemos que evitar por todos los medios lo siguiente:

1. La persona que escucha la historia y siente vergüenza ajena. En cuanto abre la boca confirma lo horrorizada que deberías sentirte. Luego se produce un silencio incómodo y a continuación tienes que ayudarla a que se sienta mejor, en lugar de ser *ella* quien te ayude *a ti*.

2. La persona que responde con lástima («lo lamento muchísimo») en lugar de con empatía («entiendo, sé lo que sientes, a mí también me ha pasado»). Si queremos que un ciclón de vergüenza se convierta en algo mortal, no tenemos más que proferir: «Pobrecita» o esa versión tan pasiva-agresiva de: «Que Dios te bendiga».

3. La persona que necesita que seas siempre un pilar de valía y autenticidad. No puede ayudarte porque se siente terriblemente defraudada por tus imperfecciones. La has decepcionado.

4. La persona a la que la vulnerabilidad la incomoda tanto que te riñe: «¿Cómo pudiste permitir que sucediera algo así? ¿En qué estabas pensando?», o que busca a alguien a quien echar la culpa: «¿Y quién era ese tipo? Lo que se merecería es que le diéramos una buena patada en el culo».

5. La persona que hace todo lo posible por mejorar las cosas y, movida por su propia incomodidad, se niega a reconocer que puedas llegar a actuar de forma idiota y tomar decisiones malísimas: «Estás exagerando. Seguro que no fue tan terrible. Yo creo que te estás pasando. Tú eres perfecta. Todo el mundo te adora».

6. La persona que confunde la «conexión» con una oportunidad de superarte: «Eso no es nada. ¡Escucha lo que me pasó a mí en una ocasión!».

Es evidente que todos somos capaces de ser «esas personas», especialmente si alguien nos cuenta una historia que encaja a la perfección con lo que a nosotros nos produce vergüenza. Somos humanos, imperfectos y vulnerables. Es difícil practicar la compasión cuando estamos luchando por recuperar la autenticidad o cuando nuestra propia sensación de valía personal está desequilibrada.

Cuando buscamos compasión necesitamos encontrar a una persona que tenga los pies bien plantados en el suelo, que sea flexible y, sobre todo, que nos acepte tal cual somos, con nuestras fortalezas y nuestras luchas. Necesitamos honrar nuestra lucha compartiéndola con alguien que *se haya ganado* el derecho de escucharla. Cuando buscamos compasión, buscamos una conexión con la *persona correcta* en el *momento correcto* y sobre el *tema correcto*.

Yo llamé a mi hermana. Hasta el «~~Colapso~~ Despertar Espiritual» de 2007, jamás había llamado a ninguna de mis hermanas ni tampoco a mi hermano para pedirles su apoyo durante un episodio de vergüenza. Tengo cuatro años más que mi hermano y ocho más que mis hermanas (son gemelas). Antes de 2007 yo estaba muy asentada en mi papel de hermana mayor, de hermana perfecta (es decir, estricta, mejor que nadie y con derecho a juzgar a los demás).

Ashley estuvo fantástica. Me escuchó y respondió llena de compasión. Tuvo el valor de hacer referencia a sus propios problemas de autoaceptación para conectarse de verdad con lo que yo estaba experimentando, y me dijo unas cosas maravillosamente honestas y empáticas como: «Vaya. Es una experiencia muy dura. Yo también la he sufrido. ¡Detesto esa sensación!». Es posible que eso no sea lo que mucha gente habría necesitado escuchar, pero para mí fue lo mejor.

Ashley no se descentró ni se dejó arrastrar por la tormenta que había provocado en mí la experiencia sufrida. Tampoco fue tan rígida como para hablarme de manera brusca con críticas y acusaciones. No intentó hacer que me sintiera mejor; solo me escuchó y tuvo el valor de compartir conmigo algunas de sus propias debilidades.

Yo me sentí totalmente expuesta y, al mismo tiempo, sumamente querida y aceptada (que es, para mí, lo que significa la compasión). Créeme cuando te digo que la vergüenza y el miedo no pueden tolerar este tipo de conexión tan poderosa entre personas. Por eso el coraje, la compasión y la conexión son exactamente las herramientas que necesitamos para el viaje hacia la vida de todo corazón. Y lo mejor de todo fue que mi disposición a permitir que alguien a quien quiero me viera tan imperfecta dio lugar a un fortalecimiento de nuestra relación que aún perdura hoy en día. Esa es la razón de que haya bautizado el coraje, la compasión y la conexión como los dones de la imperfección. Cuando estamos dispuestos a ser imperfectos y reales, recibimos estos dones una y otra vez.

Y para terminar, un rápido epílogo a la historia. Una semana después del combate de lucha libre/charla en la escuela, descubrí que los profesores estaban sufriendo un grave problema: los padres se pasaban el día metidos en las aulas, interfiriendo con la enseñanza y la dirección de las clases. Sin decírmelo, la directora y el presidente de la asociación de padres y profesores habían comunicado a los padres que tenían que asistir sin falta a mi conferencia, asegurando que yo iba a explicarles por qué tenían que dejar de estar todo el día encima de los profesores. En otras palabras, me habían otorgado el papel de mercenaria en una guerra contra padres entrometidos. Era imposible que algo bueno saliera de aquello. No defiendo la actitud de estar constantemente encima de los profesores, pero tampoco soy una asesina a sueldo de padres. Lo paradójico del caso es que yo no tenía ni idea de que existiera ese problema, así que ni siquiera mencioné el tema en la conferencia.

Con esta historia en mente, vamos a examinar más de cerca cada uno de los conceptos que conforman la vida de todo corazón y de qué manera actúan en conjunto.

CORAJE

El coraje es algo muy importante en mi vida. Me da la sensación de que siempre estoy pidiendo tener un poco, agradecida por haber encontrado ese poco, apreciándolo en otras personas o estudiándolo. Y no creo que sea la única. Todo el mundo quiere ser valiente.

Tras entrevistar a muchas personas acerca de las verdades de su vida —es decir, acerca de sus fortalezas y sus luchas—, me di cuenta de que el coraje es una de las cualidades más importantes que tienen en común las personas que viven de todo corazón. Pero no me estoy refiriendo a cualquier tipo de coraje; descubrí que para vivir de todo corazón se necesita un *coraje ordinario*. Me explico...

La raíz del término *coraje* es *cor*, «corazón» en latín. En una de sus formas más antiguas, la palabra *coraje* tenía un significado muy distinto del que tiene actualmente. En origen significaba «decir lo que pensamos expresando todo lo que siente el corazón». Con el tiempo, esta definición ha ido cambiando y en la actualidad está más relacionada con la heroicidad. La heroicidad es importante, y es evidente que los héroes son necesarios, pero creo que hemos perdido la idea de que hablar con honestidad y abiertamente sobre lo que somos, sobre lo que sentimos y sobre nuestras experiencias (buenas y malas) es lo que constituye la auténtica definición de *coraje*. La heroicidad implica a menudo poner nuestra vida en juego. El coraje ordinario, sin embargo, significa poner *nuestra vulnerabilidad* en juego, algo que en el mundo actual resulta muy poco frecuente [1].

Si prestamos atención, podemos ser testigos de muestras de coraje todos los días. Las vemos cuando las personas piden ayuda, como yo hice con Ashley. Las veo en mi clase cuando una alumna levanta la mano y dice: «Estoy totalmente perdida. No tengo ni idea de lo que está hablando».

¿Sabes lo valiente que hay que ser para decir «no lo entiendo» cuando estás totalmente seguro de que todos los que te rodean lo han comprendido? Por supuesto, en mis más de doce años como profesora he aprendido que cuando una persona es capaz de reunir el coraje necesario para decir «me he perdido», hay al menos otras diez que están en su misma situación. Puede que no estén dispuestas a correr el riesgo de admitirlo en voz alta, pero sin duda se van a beneficiar del coraje de su compañera.

Vi coraje en mi hija, Ellen, cuando me llamó, avanzada la noche, desde la casa de una amiga donde se había quedado a dormir, para decirme:

—Mamá, ¿puedes venir a recogerme?

Cuando fui a buscarla, se metió en el coche y dijo:

—Lo siento. No fui lo bastante valiente. Os echaba de menos. Me costó mucho llamarte; todo el mundo estaba durmiendo y tuve que ir al cuarto de la mamá de Libby y despertarla.

---

[1] No estoy segura de cuándo apareció por primera vez el término *coraje ordinario*, pero yo lo descubrí en un artículo de la investigadora Annie Rogers sobre mujeres y niñas.

Metí el coche en el camino de entrada al garaje, me bajé y me dirigí hasta el asiento de atrás, donde iba Ellen. La desplacé hacia el otro lado y me senté junto a ella. Entonces le dije:

—Ellen, creo que pedir lo que necesitas es una de las cosas más valientes que puedes hacer. A mí me tocó sufrir un par de fiestas de pijamas en las que no tuve más remedio que quedarme a dormir en otra casa, y lo pasé fatal, porque me dio demasiado miedo decir que quería irme a la mía. Estoy orgullosa de ti.

A la mañana siguiente, mientras desayunábamos, Ellen dijo:

—He estado pensando en lo que me dijiste. ¿Puedo volver a ser valiente y pedir otra cosa? —Yo sonreí—. Tenemos otra fiesta el fin de semana que viene. ¿Estarías dispuesta a venir a buscarme a la hora de irnos a la cama? Todavía no estoy preparada para quedarme a dormir en otra casa.

Eso es coraje. El tipo de coraje que a todos nos vendría bien practicar un poco más.

También veo coraje en mí misma cuando estoy dispuesta a correr el riesgo de ser vulnerable y de decepcionarme. Durante muchos años, si de verdad quería que algo sucediera —una invitación a hablar en una conferencia especial, un ascenso, una entrevista en la radio—, aparentaba que no me importaba demasiado. Si un amigo o un colega me preguntaban: «¿Estás ilusionada con esa entrevista en la televisión?», yo me encogía de hombros y respondía: «Qué quieres que te diga. No es para tanto», cuando lo cierto era que, en realidad, estaba rezando para que me llamaran.

Hasta hace unos años no sabía que restarle importancia a algo que nos ilusiona no evita que sintamos dolor cuando no lo conseguimos. Lo que sí hace, sin embargo, es minimizar la alegría en caso de que se haga realidad. También provoca mucho aislamiento. Cuando has restado importancia a algo, no es probable que tus amigos te llamen para decirte: «Siento que no te saliera. Sé lo ilusionada que estabas».

Ahora, cuando alguien me pregunta sobre algo que me hace mucha ilusión, es más probable que ponga en práctica el coraje y diga: «Estoy muy ilusionada con esa posibilidad. Intento ser realista, pero de verdad espero que salga». Y cuando no sale, resulta muy consolador poder llamar a un amigo comprensivo y decirle: «¿Recuerdas aquello que te conté? Al final no va a salir. Estoy hecha polvo».

Hace poco vi otro ejemplo de coraje ordinario en la escuela de preescolar de mi hijo, Charlie. Los padres estábamos invitados a asistir a una actuación musical de los niños. Ya te imaginas la escena: veinticinco críos cantando ante una audiencia compuesta por más de cincuenta personas: padres, abuelos y hermanos, armados con treinta y nueve cámaras de vídeo. Los padres enarbolaban las cámaras en el aire y tomaban imágenes al buen tuntún mientras pugnaban por asegurarse de que sus hijos se enteraban de que estaban allí y habían llegado puntuales.

Para aumentar aún más el revuelo, una niña de tres años, nueva en la clase, se pasó la función entera llorando porque no veía a su madre desde el improvisado escenario. A la madre la había pillado un atasco de tráfico y no había podido llegar a tiempo para la actuación. Cuando por fin llegó, yo estaba arrodillada junto a la puerta despidiéndome de Charlie. Desde mi posición observé a la madre de la niña irrumpir en la clase y recorrer la habitación con la mirada, buscando a su hija. Justo cuando estaba a punto de ponerme en pie para señalarle el lugar al fondo de la clase donde una profesora tenía cogida en brazos a su hija, otra madre pasó a nuestro lado, miró cara a cara a la estresada mujer, sacudió la cabeza y suspiró elevando los ojos al cielo.

Yo me levanté, respiré hondo e intenté razonar con la parte de mí que se moría de ganas de perseguir a la mamá «perfecta» para darle una patada en su maravillosamente puntual trasero. Justo en ese momento, otras dos madres se acercaron a la primera, a la que se le habían saltado las lágrimas, y le sonrieron. Una de ellas apoyó la mano en su hombro y le dijo:

—A todas nos ha pasado. Yo me perdí la actuación anterior. Y no es que llegara tarde; es que se me olvidó por completo.

Observé cómo el rostro de la mamá se suavizaba mientras se enjugaba una lágrima. La segunda la miró y dijo:

—Mi hijo fue el único que no llevó pijama el Día del Pijama; todavía me dice que fue el peor día de su vida. Ya verás como todo se arregla. A todas nos pasan estas cosas.

Cuando la mamá de la niña consiguió por fin llegar al fondo de la clase, donde la maestra seguía consolando a su hija, parecía estar más tranquila. Y seguro que eso le vino bien cuando la niña se lanzó hacia ella desde una distancia de casi dos metros. Las mamás que se pararon y compartieron con ella sus historias de imperfección y vulnerabilidad estaban poniendo en práctica el coraje. Se tomaron la molestia de detenerse para decirle: «Esta es mi historia. No estás sola». No tenían por qué pararse y contar lo que les había sucedido a ellas; podían fácilmente haberse unido a la procesión de padres perfectos y haber pasado por su lado como si tal cosa.

Como bien ilustran estas historias, el coraje se propaga como por ondas. Cada vez que decidimos practicarlo hacemos que todos los que nos rodean sean un poco mejores, y el mundo, un poco más valiente. Y, desde luego, a nuestro mundo no le vendría nada mal ser un lugar un poco más amable y valiente.

COMPASIÓN

Durante la preparación de mi libro sobre la vergüenza leí todo lo que encontré sobre la compasión, y fue así como descubrí un poderoso nexo entre las historias que yo había escuchado en las entrevistas y la obra de la monja budista americana

Pema Chödrön. En su libro *Los lugares que te asustan* explica: «Cuando ponemos en práctica la compasión, puede que sintamos miedo de nuestro dolor. La práctica de la compasión asusta. Implica que aprendamos a relajarnos y que nos demos permiso para avanzar con suavidad hacia aquello que nos produce temor»[2].

Lo que me encanta de la definición de Chödrön es su honestidad acerca de lo vulnerables que nos sentimos cuando ponemos en práctica la compasión. Si analizamos más de cerca el origen de la palabra *compasión*, tal y como hicimos con *coraje*, veremos por qué no suele ser lo primero que hacemos cuando nos encontramos ante el sufrimiento. El término *compasión* deriva de las palabras latinas *pati* y *cum*, que significan «sufrir con». En mi opinión, la compasión no es la respuesta que nos sale por defecto. Estoy convencida de que nuestra primera respuesta ante el dolor —ya sea propio o de otra persona— es autoprotegernos. Nos protegemos buscando a alguien o algo a quien echar la culpa, y a veces reaccionamos juzgando o intentando arreglar inmediatamente la situación.

Chödrön aborda nuestra tendencia a autoprotegernos enseñando que debemos ser honestos y clementes con el momento y la forma en que nos cerramos: «Cuando cultivamos la compasión recurrimos a la totalidad de nuestra experiencia: recurrimos al sufrimiento y a la empatía que conocemos, pero también a la crueldad y al terror. Así debe ser. La compasión no es una relación entre sanador y herido. Es una relación entre iguales. Solo cuando conocemos bien nuestra oscuridad podemos estar presentes en la oscuridad de los demás. La compasión se hace real cuando reconocemos nuestra humanidad compartida»[3].

En mi historia, Ashley estaba dispuesta a permanecer en mi

---

[2] Pema Chödrön, *Los lugares que te asustan*, Oniro, 2002.
[3] Ibíd.

oscuridad conmigo. No estaba allí para ayudarme ni para hacer que se me pasara; solo estaba conmigo, como una igual, cogiéndome de la mano mientras yo vadeaba mis sentimientos.

Límites y compasión

Una de las mayores (y menos tratadas) barreras que se interponen en la práctica de la compasión es el miedo a establecer límites y a animar a las personas a asumir su responsabilidad. Sé que suena raro, pero creo que haber llegado a comprender la conexión que existe entre los límites, la responsabilidad, la aceptación y la compasión me ha convertido en una persona más bondadosa. Antes del colapso yo era más dulce, pero solo por fuera. Mi interior era criticón, resentido y enfadado. En la actualidad creo que soy más genuinamente compasiva, menos criticona y resentida y mucho más seria en cuanto a los límites. No tengo ni idea de cómo se percibe esta combinación desde fuera, pero desde dentro resulta de lo más poderosa.

Antes de mi investigación sabía mucho de cada uno de estos conceptos, pero no comprendía bien cómo encajaban entre sí. Durante las entrevistas aluciné al darme cuenta de que muchas de las personas que practicaban la compasión y que estaban verdaderamente comprometidas con ella eran también las más conscientes de los límites. ¡Las personas compasivas son personas con límites! Me quedé anonadada.

He aquí lo que aprendí: la esencia de la compasión es, en realidad, la aceptación. Cuanto mejor nos aceptamos a nosotros mismos y a los demás, más compasivos nos volvemos. Pero resulta difícil aceptar a las personas cuando nos están haciendo daño, cuando se están aprovechando de nosotros o cuando nos están pisoteando. Por eso otra de las cosas que me ha enseñado esta investigación es que, si realmente queremos practicar la compasión, tenemos que empezar por establecer límites y responsabilizar a las personas por su conducta.

Vivimos en una sociedad que fomenta la culpabilización. Queremos saber quién tiene la culpa y cómo va a pagarlo. En nuestras esferas personales, sociales y políticas chillamos mucho y acusamos con el dedo, pero rara vez exigimos responsabilidades. ¿Cómo vamos a hacerlo? Estamos tan cansados de despotricar que no tenemos energía para dilucidar unas consecuencias significativas y ponerlas en práctica. Desde lo que sucede en Washington DC y Wall Street hasta lo que pasa en nuestras propias escuelas y casas, todo ello me demuestra que esta mentalidad de furia y culpabilización, que nos deja demasiado exhaustos y ocupados como para hacer lo que hay que hacer, es la razón de que mostremos tanto enfado moralizante y tan poca compasión.

¿No sería mejor que fuéramos más bondadosos pero más firmes? ¿En qué cambiarían nuestras vidas si hubiera menos enfado y más responsabilidad? ¿Cómo serían nuestro trabajo y nuestra vida hogareña si culpáramos menos pero respetáramos más los límites?

Hace poco me llamaron para hablar ante un grupo de directivos de una empresa que estaba intentando gestionar una difícil reorganización en la compañía. Uno de los directores del proyecto me dijo que, después de escucharme hablar sobre los peligros de utilizar la vergüenza como herramienta de gestión, se había quedado preocupado porque no sabía si avergonzaba a los miembros de su equipo. Y confesó que, cuando se sentía realmente frustrado, señalaba a personas concretas y criticaba su trabajo en las reuniones de equipo.

Me explicó:

—Me siento muy frustrado. Tengo dos empleados que no escuchan. Explico cada detalle del proyecto, me aseguro de que lo entienden y aun así *siguen* haciéndolo a su manera. No puedo evitarlo. Me siento tan arrinconado y furioso que los denigro delante de sus colegas.

Cuando le pregunté de qué modo exigía responsabilidades a esos dos empleados por no seguir el protocolo del proyecto, me respondió:

—¿Qué quiere decir con exigir responsabilidades?

Entonces le expliqué:

—Después de comprobar con ellos que entienden sus expectativas y los objetivos que se han establecido, ¿cómo les explica las consecuencias de no seguir el plan o no cumplir los objetivos?

Su respuesta fue:

—No hablo de las consecuencias. Ellos ya saben que deben seguir el protocolo.

Yo le di un ejemplo:

—Muy bien. ¿Qué sucedería si les dijera que la próxima vez que incumplan el protocolo elaborará un informe o cursará una amonestación, y que si continúan con la misma actitud van a perder el empleo?

Él sacudió la cabeza y contestó:

—No, no. Eso es demasiado grave. Tendría que implicar a Recursos Humanos. Sería un lío tremendo.

Establecer límites y exigir responsabilidades supone mucho más trabajo que avergonzar y culpabilizar. Pero también es mucho más efectivo. Avergonzar y culpar sin responsabilizar es una práctica que provoca resultados muy negativos en parejas, familias, organizaciones y comunidades. En primer lugar, cuando avergonzamos y culpamos no hacemos más que desviar la atención desde la conducta original que se está cuestionando hasta nuestra propia conducta. Para cuando el jefe ha terminado de avergonzar y humillar a sus empleados delante de sus colegas, la única conducta cuestionada es la suya.

Además, si después no aplicamos las sanciones debidas, la

gente aprende a restar importancia a nuestras peticiones, aunque suenen como amenazas o ultimátums. Si pedimos a nuestros hijos que no dejen la ropa tirada por el suelo y ellos saben que la única consecuencia de no obedecer son unos minutos de gritos, tienen motivos para creer que, en realidad, no nos importa demasiado.

Nos resulta difícil comprender que podemos ser compasivos y tolerantes y, al mismo tiempo, exigir responsabilidades a la gente por su conducta. *Podemos* y, de hecho, es la mejor manera de actuar. Podemos echar en cara a una persona su comportamiento, o despedir a alguien, o suspender a un alumno, o castigar a un niño, sin vejarlos ni denigrarlos. La clave consiste en independizar a la persona de su conducta: abordar lo que *hace*, no lo que *es* (hablaré más de esto en el próximo capítulo). También es importante aceptar la incomodidad que produce estar a caballo entre la compasión y los límites. Debemos evitar convencernos de que odiamos a alguien, o de que esa persona merece sentirse mal, para así sentirnos mejor nosotros a la hora de exigirle responsabilidades. Ahí es donde nos metemos en líos. Cuando nos convencemos de que nos disgusta una persona, con el único fin de sentirnos más cómodos a la hora de exigirle responsabilidades, estamos preparándonos para el juego de la vergüenza y la culpa.

Si no establecemos límites ni exigimos responsabilidades, nos sentimos utilizados y maltratados. Por eso a veces atacamos lo que los demás *son*, lo cual hiere mucho más que abordar su conducta o alguna de sus decisiones. Por nuestro propio interés tenemos que comprender que, por el bien de nuestras relaciones y nuestro bienestar, resulta peligroso que nos enfanguemos en la vergüenza o la culpa, o mostremos un enfado vano. También es imposible practicar la compasión desde una postura de resentimiento. Si vamos a practicar la tolerancia y la compasión, necesitamos límites y responsabilidad.

CONEXIÓN

Yo defino la *conexión* como *la energía que fluye entre las personas cuando se sienten vistas, escuchadas y valoradas, cuando pueden dar y recibir sin juicios y cuando a partir de la relación ganan sustento y fortaleza.*

Ashley y yo nos hemos sentido profundamente conectadas después de nuestra experiencia. Yo sé que en aquel momento fui vista, escuchada y valorada. Aunque tenía miedo, fui capaz de tender la mano en busca de apoyo y ayuda, y como resultado ambas nos sentimos fortalecidas y satisfechas. De hecho, un par de semanas después Ashley me comentó:

—No sabes lo contenta que estoy de que me llamaras aquel día. Me ayudó muchísimo saber que no soy la única que hace cosas así. Y también me encanta saber que puedo ayudarte y que confías en mí.

La conexión genera conexión.

De hecho, estamos diseñados para ella. Está en nuestra biología. Desde que nacemos necesitamos conexión para poder prosperar emocional, física, espiritual e intelectualmente. Hace una década, la idea de que estamos «diseñados para la conexión» podría haber sido percibida como sensiblera o muy «Nueva Era». Hoy en día sabemos que la necesidad de conexión es algo más que un sentimiento o un pálpito. Es ciencia pura y dura. Neurociencia, para ser exactos.

En su libro *Inteligencia social. La nueva ciencia de las relaciones humanas*, Daniel Goleman investiga los últimos descubrimientos en biología y neurociencia, que confirman que estamos diseñados para la conexión y que nuestras relaciones conforman nuestra biología, además de nuestras experiencias. Goleman escribe: «Incluso nuestros encuentros más rutinarios actúan como reguladores del cerebro y alimentan nuestras emociones, algunas deseables y otras no. Cuanto más fuerte sea nuestra conexión emocional con otra persona, mayor será la fuerza mutua»[4]. Es asombroso —aunque, quizá, no demasiado sorprendente— que la conexión que experimentamos en nuestras relaciones afecte a la forma en que nuestro cerebro se desarrolla y actúa.

Nuestra necesidad innata de conexión hace que las consecuencias de la desconexión sean mucho más reales y peligrosas. Porque a veces solo *creemos* que estamos conectados. La tecnología, por ejemplo, se ha convertido en una especie de impostor de la conexión y nos hace creer que estamos conectados cuando, en realidad, no es así…, al menos no en la forma en que necesitamos estarlo. En este mundo nuestro, fanático de la tecnología, hemos confundido ser comunicativos con sentirnos conectados. Solo porque estemos enchufados no significa que nos sintamos vistos y escuchados. De hecho, la hipercomunicación puede significar que pasemos más tiempo en Facebook que viéndonos cara a cara con las personas que nos importan. Montones de veces he entrado en un restaurante y he visto a unos padres hablando por el móvil mientras sus hijos estaban ocupados mandando mensajes o jugando a un videojuego. Para eso, ¿de qué les sirve sentarse juntos?

Cuando pensamos en la definición de conexión y en lo fácil que resulta confundir tecnología con conectarse, también tenemos que considerar la posibilidad de desechar el mito de la autosuficiencia. Una de las mayores barreras a la conexión es la importancia cultural que concedemos a «ir por nuestra cuenta». De algún modo hemos llegado a equiparar el éxito con no necesitar a nadie. Muchos estamos dispuestos a echar una mano, pero somos muy reacios a pedir ayuda cuando la necesitamos; es como si hubiéramos dividido el mundo entre «aquellos que ofrecen

---

[4] Daniel Goleman, *Inteligencia social. La nueva ciencia de las relaciones humanas*, Barcelona, Kairós, 2006.

ayuda» y «aquellos que necesitan ayuda». Pero, en realidad, todos somos ambas cosas.

De los hombres y mujeres que practican la vida de todo corazón he aprendido mucho sobre dar y recibir, pero nada tan importante como esto:

> *Mientras no seamos capaces de recibir con el corazón abierto, tampoco estaremos dando realmente con el corazón abierto. Y si para nosotros el hecho de recibir ayuda conlleva un juicio, consciente o inconscientemente también lo conllevará el hecho de ofrecerla.*

Durante años he valorado el hecho de ser yo la que ayudaba en mi familia. Echaba una mano en momentos de crisis, prestaba dinero o daba consejos. Nunca me importó auxiliar a los demás, pero jamás habría llamado a mis hermanos para pedirles socorro, y menos aún apoyo durante una crisis de vergüenza. En aquella época yo habría negado vehementemente que mi generosa entrega conllevase algún juicio. Ahora, sin embargo, me doy cuenta de que basaba mi autoestima en el hecho de no necesitar ayuda jamás y estar siempre ofreciéndola.

Durante el colapso necesité ayuda. Me hacía falta apoyo, que me cogieran de la mano y me aconsejaran. ¡Gracias a Dios! El hecho de volverme hacia mis hermanos pequeños cambió por completo la dinámica de nuestra familia. Me permití derrumbarme y ser imperfecta, y ellos pudieron compartir su fortaleza y su increíble sabiduría conmigo. Si la conexión es la energía que fluye entre las personas, tenemos que recordar que debe fluir en ambos sentidos.

El viaje hacia la vida de todo corazón no es un camino fácil, sino un sendero de consciencia y decisiones. Y, para ser sincera, va un poco a contracorriente. Estar dispuestos a contar nuestras historias, sentir el dolor de otros y permanecer genuinamente conectados en este mundo desconectado no es algo que podamos hacer a medias.

Poner en práctica el coraje, la compasión y la conexión es mirar a la vida y a las personas que nos rodean y decir: «Estoy metida en esto toda yo».

EXPLORAR EL PODER DEL AMOR, LA PERTENENCIA Y LA VALÍA PERSONAL

El amor es lo más importante de nuestra vida, una pasión por la cual lucharíamos o moriríamos; y, sin embargo, somos reacios a entretenernos demasiado con sus diversos nombres. Si carecemos de un vocabulario mínimo, ni siquiera podremos hablar o pensar en él directamente.

DIANE ACKERMAN

EL AMOR Y LA PERTENENCIA son esenciales para la experiencia humana. Mientras realizaba las entrevistas me di cuenta de que solo hay *una cosa* que diferencia a los hombres y mujeres dotados de un profundo sentido de amor y pertenencia de las personas que tienen que esforzarse por conseguirlo. Esa única cosa es la confianza en su merecimiento innato, en lo que valen como personas. Es así de simple y así de complicado: si queremos experimentar plenamente el amor y la pertenencia, debemos creer que somos *merecedores* de ambos.

Cuando somos capaces de dejar a un lado la opinión del resto de la gente y admitimos nuestra historia, conseguimos acceder a la sensación de merecimiento innato y así tomamos conciencia de que somos válidos tal y como somos, y de que merecemos que nos amen y sentir que pertenecemos. Por el contrario, cuando vivimos intentando distanciarnos de aquellas partes de nuestra vida que no encajan con lo que creemos que debemos ser, lo único que conseguimos es apartarnos de nuestra historia y afanarnos por sentir que valemos a base de estar todo el tiempo haciendo, perfeccionando, agradando y demostrando. Tenemos que entender entonces que nuestra sensación de merecimiento —esa pieza de importancia capital que nos da acceso al amor y a la pertenencia— vive *en nuestra historia*.

Nuestro mayor desafío es asumir que somos válidos *ya*, en este mismo minuto. La valía personal no tiene requisitos previos. Muchos hemos creado conscientemente o asumido inconscientemente una larga lista de prerrequisitos imprescindibles para obtenerla:

- Valdré cuando pierda diez kilos.
- Valdré si consigo quedarme embarazada.
- Valdré si puedo mantenerme sobrio.
- Valdré si todo el mundo piensa que soy una buena madre.
- Valdré cuando consiga ganarme la vida vendiendo mis obras de arte.
- Valdré si puedo mantener mi matrimonio unido.
- Valdré cuando tenga pareja.
- Valdré cuando mis padres lo aprueben por fin.
- Valdré si me devuelve la llamada y me pide que salgamos.
- Valdré cuando pueda hacerlo todo y parezca que ni siquiera lo estoy intentando.

La verdadera esencia de la vida de todo corazón es el siguiente concepto: todos valemos *ya*, ahora. No «si», ni «cuando». Ya, ahora mismo, merecemos que nos amen y sentir que pertenecemos. En este minuto. Tal cual somos.

Además de erradicar los «si» y los «cuando», otra actividad crítica que debemos poner en práctica para admitir nuestra historia y reclamar nuestra valía personal es cultivar un mejor entendimiento del amor y la pertenencia. Lo más curioso es que, aunque necesitamos las dos cosas imperiosamente, rara vez hablamos de lo que son en realidad ni de cómo funcionan. Echémosles un vistazo.

DEFINICIÓN DE AMOR Y DE PERTENENCIA

Durante años he evitado utilizar la palabra *amor* en mis investigaciones, porque no sabía cómo describirlo y no estaba segura de que aquello de «caray, todo el mundo lo sabe: el amor es el *amor*» sirviera como definición. Tampoco podía recurrir a citas o letras de canciones, por mucho que me inspiraran y me sonaran a verdad, porque mi formación como investigadora no me lo permite.

A pesar de lo mucho que necesitamos y queremos dar y recibir amor, lo cierto es que no dedicamos demasiado tiempo a hablar de lo que significa. Piénsalo. Es posible que digas «te quiero» todos los días, pero ¿cuándo fue la última vez que mantuviste una conversación seria acerca del significado del amor? En este sentido, el amor es el reflejo inverso de la vergüenza. Intentamos por todos los medios evitar la vergüenza y no estamos dispuestos a hablar de ella; sin embargo, la única manera de resolverla es desmenuzándola. Aunque, claro, es posible que algunos temas, como el amor y la vergüenza, nos asusten. La mayoría de nosotros buscamos seguridad, certeza y claridad en la vida. La vergüenza y el amor se basan en la vulnerabilidad y la ternura.

La pertenencia es otro tema esencial para la experiencia humana y que rara vez se discute.

Casi todos utilizamos los términos *encajar* y *pertenecer* como sinónimos, y, como a muchas otras personas, a mí se me da muy bien eso de encajar. Sabemos exactamente qué tenemos que hacer para conseguir aprobación y aceptación; sabemos qué ropa ponernos, de qué hablar, cómo hacer felices a los demás y qué no debemos mencionar. En resumen, sabemos conducirnos de forma camaleónica a lo largo del día.

Una de las mayores sorpresas que me deparó esta investigación fue aprender que encajar y pertenecer no son lo mismo; y que, de hecho, *encajar* entorpece a *pertenecer*. Encajar significa evaluar una situación y convertirnos en lo que hay que ser para que nos acepten. Pertenecer, por el contrario, no nos exige *cambiar* lo que somos; nos exige *ser* lo que somos.

Antes de compartir contigo mis definiciones, quiero destacar tres afirmaciones que considero verdaderas.

El amor y la pertenencia siempre serán inciertos. Aunque la conexión y la relación son los componentes fundamentales de la vida, *no podemos* medirlos con exactitud. Los conceptos relacionales no se traducen en hojas de respuestas tipo test. Por el contrario, la relación y la conexión se producen en un espacio indefinible entre personas, un espacio que jamás llegaremos a conocer o comprender plenamente, por lo que me temo que todo aquel que se arriesgue a explicar el amor y la pertenencia estará dando lo mejor de sí para responder a una pregunta... que no tiene respuesta. Yo incluida.

El amor va unido a la pertenencia. Una de las cosas más sorprendentes que desveló mi investigación es el emparejamiento de determinados términos. No he podido separar los conceptos de amor y pertenencia, porque cuando la gente hablaba de uno siempre aludía al otro. Lo mismo sucede con los conceptos de dicha y gratitud, que trataremos en un capítulo posterior. Cuando unas emociones o experiencias están tan íntimamente ligadas en las historias de la gente que no se menciona la una sin la otra, no se trata de un enredo accidental, sino de un nudo intencionado. El amor va unido a la pertenencia.

De lo que voy a decir a continuación estoy completamente segura. Tras recopilar miles de historias he llegado a considerarlo un hecho: **todas las mujeres, hombres y niños tienen una necesidad ineludible de sentir amor y pertenencia.** Estamos biológica, cognitiva, física y espiritualmente diseñados para amar, ser amados y desarrollar una sensación de pertenencia. Cuando no tenemos cubiertas estas necesidades, no funcionamos como deberíamos. Nos rompemos. Nos derrumbamos. Nos insensibilizamos. Nos duele. Hacemos daño a otros. Enfermamos. Está claro que esto no es lo único que nos lleva a la enfermedad, la insensibilidad y el dolor, pero es indudable que la falta de amor y pertenencia siempre provoca sufrimiento.

Me llevó tres años modelar estas definiciones y conceptos a partir de una década de entrevistas. Vamos a analizarlos ahora uno por uno.

Amor:

Cultivamos el amor cuando permitimos que nuestro yo más vulnerable y poderoso sea realmente visto y conocido, y cuando honramos la conexión espiritual que crece a partir de ese ofrecimiento con confianza, respeto, amabilidad y afecto.

El amor no es algo que demos u obtengamos, sino algo que nutrimos y cultivamos, una conexión que solo puede crecer entre dos personas cuando ya existe dentro de cada una de ellas: solo podemos amar a otros en la medida en que nos amemos a nosotros mismos.

La vergüenza, la culpabilización, la falta de respeto, la traición y la contención del afecto dañan las raíces que nutren el amor. El amor solo puede sobrevivir a estas heridas si se las reconoce y se las cura, y sobre todo si son escasas.

Pertenencia:

La pertenencia es el deseo humano innato de formar parte de algo mayor que nosotros mismos. Como este anhelo es tan instintivo, a menudo intentamos cubrirlo encajando y buscando aprobación, acciones que no solo actúan como sustitutos huecos de la pertenencia, sino que muchas veces se convierten en barreras para alcanzarla. Dado que la verdadera pertenencia solo se produce cuando presentamos nuestro yo auténtico e imperfecto al mundo, nuestra sensación de pertenencia jamás puede ser mayor que nuestro nivel de autoaceptación.

Una de las razones por las que me ha llevado tanto tiempo desarrollar estos conceptos es que muchas veces no quiero que sean verdad. Sería distinto si estuviera estudiando el efecto del excremento de pájaro sobre el mantillo; pero este tema es personal y, a menudo, doloroso. En ocasiones, cuando para elaborar definiciones como las anteriores recurría a los datos que había recopilado, se me saltaban las lágrimas. No quería que mi grado de amor por mí misma limitara lo mucho que puedo querer a mis hijos o a mi marido. ¿Por qué? Porque quererlos a ellos y aceptar sus imperfecciones es mucho más fácil que girar ese foco de amor-amabilidad hacia mí misma.

Si analizas la definición de amor y reflexionas sobre lo que significa en términos de amor hacia uno mismo, verás que es muy concreta. Practicar el amor hacia nosotros mismos significa aprender a tratarnos con respeto y a confiar y a ser amables y afectuosos con nosotros. Es una orden complicada, vista la dureza con la que nos tratamos algunos. Yo sé que puedo hablarme a mí misma como jamás se me ocurriría hablarle a otra persona. ¿Cuántos de nosotros nos apresuramos a pensar «Mira que soy estúpida» o «Es que soy idiota»? Al igual que el simple hecho de llamar estúpido o idiota a alguien a quien queremos sería incongruente con la práctica del amor, hablarnos de ese modo a nosotros mismos también causa estragos en nuestro amor propio.

Merece la pena señalar que en la definición de pertenencia utilizo las palabras *innato* e *instintivo*. Estoy convencida de que la pertenencia está en nuestro ADN, probablemente conectada con nuestro instinto de supervivencia más primitivo. Dado lo difícil que resulta cultivar la autoaceptación en esta sociedad nuestra tan perfeccionista y lo profundamente implantada que tenemos la necesidad de pertenencia, a nadie sorprende que nos pasemos la vida intentando encajar y obtener aprobación.

Es mucho más fácil decir: «Seré quien quieras o lo que quieras que sea, siempre y cuando pueda sentir que formo parte de esto». Tanto en las pandillas como en los corrillos de chismorreo, hacemos lo que haga falta para encajar si creemos que eso satisfará nuestra necesidad de pertenencia. Pero no la satisface. Solo podemos pertenecer cuando ofrecemos a los demás nuestro yo más auténtico y cuando nos aceptan por lo que somos.

LA PRÁCTICA DEL AMOR Y DE LA PERTENENCIA

> Pensar siempre en el amor como si fuera una acción y no un sentimiento solo provoca que quien utilice la palabra de esta manera asuma automáticamente la responsabilidad y la obligación de rendir cuentas.
>
> BELL HOOKS[1]

Si bien es cierto que la elaboración de las definiciones de amor y pertenencia me ha exigido una enorme dedicación per-

---

[1] Bell Hooks, *All About Love: New Visions*, Nueva York, HarperCollins Publishers, Harper Paperbacks, 2001.

sonal y profesional, debo admitir también que ha cambiado radicalmente mi forma de vivir y de educar a mis hijos. Cuando estoy cansada o estresada, puedo mostrarme mezquina y regañona, en especial con mi marido, Steve. Si de verdad quiero a Steve (y te aseguro que le quiero con toda mi alma), mi forma cotidiana de comportarme con él es tan importante como decirle «te quiero» cada día, si no más. Si no expresamos amor a las personas a las que afirmamos querer, nos quedamos muy vacíos. Vivir de manera incongruente resulta agotador.

También me ha llevado a reflexionar sobre las importantes diferencias que existen entre *profesar* amor y *expresar* amor. Durante una reciente entrevista radiofónica en la que se comentaba la proliferación de infidelidades entre los famosos, el entrevistador me preguntó: «¿Se puede querer a una persona y engañarla o tratarla mal?».

Reflexioné durante un buen rato y di la mejor respuesta que pude basándome en lo que había descubierto en mi trabajo: «No sé si se puede querer a una persona y traicionarla o tratarla con crueldad; de lo que sí estoy segura es de que, cuando traicionas a una persona o te comportas con ella de forma desagradable, no estás poniendo en práctica el amor. Y yo personalmente no quiero a mi lado a una persona que diga que me ama; quiero a alguien que practique a diario ese amor que siente por mí».

Además de ayudarme a comprender cómo es el amor entre las personas, estas definiciones también me obligaron a reconocer que cultivar la autoaceptación y el amor hacia uno mismo no es algo opcional. No son empeños que puedas plantearte si dispones de tiempo libre. Son prioridades.

¿PODEMOS QUERER A OTRAS PERSONAS MÁS DE LO QUE NOS QUEREMOS A NOSOTROS MISMOS?

La idea del amor hacia uno mismo y la autoaceptación fue para mí —y sigue siéndolo— un concepto revolucionario. Por eso, a principios de 2009 pregunté a los lectores de mi blog qué opinaban sobre la importancia del amor hacia uno mismo y sobre la idea de que no podemos amar a otras personas más de lo que nos amamos a nosotros mismos. Pues bien, en la sección de comentarios se produjo un debate de lo más emotivo.

Varias personas se mostraron apasionadamente en desacuerdo con la idea de que amarse a uno mismo sea un requisito imprescindible para amar a los demás. Otras argüían que, de hecho, es posible aprender a amarse más a uno mismo amando a otros. Y algunas simplemente dejaron comentarios como: «Gracias por arruinarme el día; no quiero pensar en esto».

Hubo dos comentarios que abordaron la complejidad de estas ideas en términos muy directos, así que me gustaría compartirlos contigo. Justin Valentin, un profesional de la salud mental, escritor y fotógrafo, escribió:

> A través de mis hijas he aprendido a amar incondicionalmente, a ser compasivo en aquellos momentos en los que me siento fatal y a ser mucho más generoso. Cuando miro a una de mis hijas, que se parece muchísimo a mí, puedo verme como una niña pequeña. Esto me recuerda que debo ser más amable con la niñita que vive dentro de mí y que tengo que quererla y aceptarla como mía. El amor que siento por mis hijas es lo que me hace desear ser mejor persona y esforzarme por quererme y aceptarme. De todas maneras, una vez dicho esto, me sigue resultando muchísimo más fácil quererlas a ellas...

Puede que considerarlo de esta otra manera tenga más sentido: muchas de mis pacientes son madres que luchan contra la adicción a las drogas y aseguran amar a sus hijos más que a sí mismas. Destruyen sus propias vidas, se odian y a menudo maltratan sus cuerpos hasta que ya no tienen curación, aunque insisten en que se odian a sí mismas pero aman a sus hijos. Creen que sus hijos son dignos de amor, pero ellas no. De forma superficial podríamos decir que sí, que algunas de ellas aman a sus hijos más que a sí mismas. Sin embargo, ¿amar a tus hijos significa que no los envenenas intencionadamente igual que te envenenas a ti misma? Puede que nuestros problemas sean como el humo para los fumadores pasivos. Al principio se creyó que no era tan peligroso y que, al fumar, *solo nos perjudicábamos a nosotros mismos*. Sin embargo, años más tarde, por fin se ha descubierto que puede ser mortal [2].

Renae Cobb, terapeuta en formación durante el día y escritora clandestina y colaboradora ocasional del blog durante la noche, escribió:

Está claro que las personas a las que amamos nos inspiran a alcanzar unas cumbres de amor y compasión que jamás habríamos conocido de otra manera; pero para escalar realmente hasta esas alturas a menudo tenemos que descender hasta las profundidades de lo que somos —luz y sombra, bien y mal, amantes y destructores— y resolver nuestros propios conflictos para poder amarlas mejor. Por tanto, creo que no se trata de una cosa o de la otra, sino de ambas: amamos a otros ardientemente, quizá más de lo que creemos que nos amamos a nosotros, pero ese

---

[2] Comentario del blog, utilizado con el permiso de Justin Valentin.

amor ardiente debería conducirnos a las profundidades de nuestro ser y ayudarnos a aprender a ser compasivos con nosotros mismos[3].

Estoy de acuerdo con Justin y Renae. Amarnos y aceptarnos a nosotros mismos son actos supremos de coraje. En una sociedad que predica: «Ponte en último lugar», el amor hacia uno mismo y la autoaceptación resultan casi revolucionarios.

Por lo tanto, si queremos participar en esta revolución, debemos entender la anatomía del amor y la pertenencia; tenemos que comprender cuándo y por qué nos afanamos por encontrar nuestra valía personal en lugar de reivindicarla; y debemos entender *las cosas que se interponen en nuestro camino*. En todos los viajes que emprendemos aparecen obstáculos, y el viaje hacia la vida de todo corazón no es una excepción. En el próximo capítulo vamos a explorar las que, según he descubierto en mi investigación, constituyen las mayores barreras para vivir y amar de todo corazón.

---

[3] Comentario del blog, utilizado con el permiso de Renae Cobb.

Lo que se interpone
en el camino

EN 2008 ME INVITARON a dar una conferencia en un evento muy especial denominado *The UP Experience*. Sentía mucha simpatía hacia la pareja que lo patrocinaba, así que, sin pensármelo dos veces, accedí llena de ilusión.

Ya se sabe que las cosas siempre parecen mejores cuando están lejos y no conocemos los detalles. Eso fue exactamente lo que sucedió en este caso.

Acepté la invitación a finales de 2008 y no volví a pensar en ello hasta 2009, cuando se publicó la lista de oradores en la página web de *The UP Experience*. Baste decir que se trataba de una lista abrumadora de personas muy prestigiosas… y yo. El acto se anunciaba como «16 de los líderes intelectuales y los oradores más apasionantes del mundo. ¡Un día para abrir la mente!».

Creí enloquecer. No podía imaginarme compartiendo escenario con Robert Ballard (el arqueólogo oceanógrafo que localizó el Titanic), Gavin Newsom (el alcalde de San Francisco), Neil deGrasse Tyson (el astrofísico que dirige la revista *Nova* y el planetario Hayden) y David Plouffe (el genio que estuvo detrás de la primera campaña presidencial de Obama). Eso por nombrar solo a cuatro de los quince.

Además de cargar con la sensación de ser una completa impostora, tuve que afrontar el terror que me provocaba el formato. El acto se había diseñado según el modelo de las charlas TED (www.ted.com) y cada orador disponía solo de veinte minutos para compartir sus ideas más innovadoras con lo que llamaban una audiencia C [*Chiefs*, jefes], compuesta fundamentalmente por directores generales, directores financieros, directores de operaciones y directores de prensa, que pagaban mil dólares por un día completo de actividades.

Unos segundos después de ver la lista de oradores, llamé a mi amiga Jen Lemen y le leí la relación completa de nombres. Después de pronunciar el último, respiré hondo y dije:

—No lo tengo nada claro.

Aunque estábamos hablando por teléfono y ella se encontraba a miles de kilómetros de distancia, podía verla sacudiendo la cabeza:

—Guarda la vara de medir, Brené.

Yo me encrespé:

—¿Qué quieres decir?

—Te conozco. Ya estás pensando cómo hacer que tu charla de veinte minutos sea «superinvestigadora» y complicada.

Yo seguía sin entenderla.

—Sí, claro. Claro que voy a ponerme en plan investigadora. ¿Has visto la lista de gente? Son... son... adultos.

Jen soltó una risita.

—¿Necesitas una comprobación de sus edades? —Silencio absoluto por mi parte—. Esta es la situación: tú eres investigadora, pero tu mejor trabajo no es el que procede de tu cabeza; es el que pronuncias desde el corazón. Te saldrá genial si haces lo que mejor se te da: contar historias. Consigue que sea real, que sea honesto.

Colgué, alcé la mirada hacia el techo y pensé: «Contar historias. ¿Bromeas? A lo mejor también puedo hacer una función de marionetas».

Normalmente, el desarrollo de una charla me lleva uno o dos días. Nunca hablo leyendo notas, pero suelo disponer de una presentación visual y tengo una idea previa de lo que quiero decir. Esta vez, no. Una función de marionetas habría sido más fácil. Estuve varias semanas paralizada con la presentación, porque nada funcionaba.

Una tarde, aproximadamente dos semanas antes del acontecimiento, Steve me preguntó:

—¿Cómo va tu charla de *UP*?

Y me eché a llorar.

—No me sale. No tengo una mierda. No puedo hacerlo. Voy a tener que fingir que he sufrido un accidente de coche o algo así.

Steve se sentó a mi lado y me cogió la mano.

—¿Qué te pasa? Tú no eres así. Nunca te he visto tan alterada por una charla. Te pasas la vida dándolas.

Hundí la cabeza entre las manos y murmuré:

—Estoy bloqueada. No puedo dejar de pensar en mi terrible experiencia de hace unos años.

Steve se sorprendió.

—¿Qué experiencia?

—Nunca te la he contado— expliqué. Él se inclinó hacia mí y esperó—. Hace cinco años metí la pata hasta el fondo en una charla. Jamás he tenido una metedura de pata semejante, ni antes ni después. Fue un desastre total y tengo mucho miedo de que vuelva a pasarme.

Steve no se podía creer que no le hubiera contado mi desastrosa experiencia.

—¿Qué demonios sucedió? ¿Por qué no me lo contaste?

Yo me levanté de la mesa y dije:

—No quiero hablar de eso. Solo servirá para empeorar las cosas.

Me cogió de la mano y me volvió a arrastrar hasta la mesa.

Me miró como diciendo: «Llevo toda la vida esperando poder devolverte lo que tú me dices siempre».

—¿No habíamos quedado en hablar de las cosas duras? ¿No es cierto que hablar siempre facilita la situación?

Yo estaba demasiado cansada para pelear, así que le conté la historia.

Cinco años atrás, cuando salió mi primer libro, me pidieron que hablara en una comida para mujeres. Estaba muy ilusionada porque, como en la *UP Experience*, iba a dirigirme a un grupo de personas «normales», no terapeutas ni académicos, sino gente de negocios normal y corriente. De hecho, la audiencia de aquel acto fue mi primera audiencia normal.

Llegué temprano al elegante club de campo donde se celebraba el evento y me presenté a la mujer que estaba al frente. Tras examinarme durante lo que me pareció una eternidad, me dio la bienvenida lanzándome a la cara unas cuantas declaraciones escuetas:

—Hola. No pareces una investigadora. Voy a presentarte. Necesito tu biografía.

Fue una versión bastante tensa del «encantada de conocerte», pero bueno. Le entregué mi biografía y aquello fue el principio del final.

La estuvo leyendo durante unos treinta segundos y luego, con cara de asombro, se volvió a mí y mirándome por encima de las gafas de leer me espetó:

—Aquí dice que eres investigadora de la vergüenza. ¿Es eso verdad?

De repente fue como si tuviera diez años y me encontrara en el despacho de la directora. Bajé la cabeza y murmuré:

—Sí, señora. Soy investigadora de la vergüenza.

Con los labios fruncidos, me preguntó a trompicones:

—¿Estudias… algo… más? —No me salía ninguna respuesta, de modo que ella exigió de forma imperativa—. ¿*Sí o no*?

—Sí. También estudio el miedo y la vulnerabilidad.

Ella emitió una especie de mezcla entre grito y jadeo.

—Me dijeron que habías realizado investigaciones sobre cómo ser más alegre y cómo darle más conexión y significado a nuestra vida.

«Ah…, ya lo entiendo —pensé—. No sabe nada de mí. Alguien ha debido hablarle de mí sin mencionar la naturaleza de mi trabajo. Ahora tiene sentido.»

Intenté explicar:

—En realidad, no estudio «cómo» ser alegre y darle más sentido a la vida. Sé mucho sobre esos temas porque estudio las cosas que se interponen en el camino de la dicha, el significado y la conexión.

Sin ni siquiera dignarse a responderme, salió de la habitación dejándome allí plantada.

¡Ah, ironías de una investigadora de la vergüenza metida en un cenagal de «no soy suficientemente buena»!

La mujer regresó al cabo de unos minutos, miró por encima de mi cabeza y dijo:

—Así es como vamos a hacerlo:

»Número 1: No vas a hablar de las cosas que se interponen en el camino. Vas a hablar de cómo hacerlo. Eso es lo que la gente desea escuchar. Quieren saber *cómo*.

»Número 2: No menciones la palabra *vergüenza*. La gente va a estar comiendo.

»Número 3: La gente quiere sentirse cómoda y alegre. Eso es todo. Haz que la charla resulte alegre y cómoda.

Yo estaba completamente aturdida. Tras unos segundos de silencio, me preguntó:

—¿De acuerdo? —y antes de que yo pudiera contestar nada, ella respondió por mí—: Suena bien.

A continuación, cuando empezaba a alejarse, se volvió y dijo:

—Ligerito y jovial. A la gente le gustan las cosas ligeritas y joviales.

Y, por si acaso yo no lo tenía claro, separó mucho los dedos y realizó amplísimos gestos de barrido con las manos para ilustrar «ligerito» y «jovial» (imagínate a Margaret Thatcher imitando a Bob Fosse).

Pasé cuarenta minutos de pie ante el grupo, totalmente paralizada y repitiendo diferentes versiones de «la alegría es buena. Ser feliz es tan fantástico... Todos deberíamos estar alegres. Y tener intención de estarlo. Porque eso es tan maravilloso...».

Las mujeres de la audiencia se limitaron a sonreír, asentir con la cabeza y comerse el pollo. Fue un desastre.

Cuando terminé de contar la historia, Steve tenía el rostro completamente contraído y sacudía la cabeza. No es demasiado aficionado a hablar en público, por lo que sospecho que estaba intentando protegerse de su propia ansiedad mientras escuchaba la historia de mi desastre.

Sin embargo, lo más curioso fue que contarla hizo que disminuyera mi preocupación. De hecho, en el momento en que terminé de hablar me sentí distinta. Al fin lo entendí. Mi trabajo, mi propia vida, la década que había pasado investigando, me habían servido para comprender cuáles son «las cosas que se interponen en el camino». No soy partidaria de dar charlas sobre cómo se debe actuar, porque, en los diez años que llevo trabajando, jamás he encontrado nada que demuestre que explicar el *cómo* sin hablar de los impedimentos sirva para que la gente aprenda.

De una manera muy poderosa, asumir mi historia me permitió aseverar quién soy como investigadora y afirmarme en lo que quería decir. Miré a Steve y sonreí:

—Yo no explico cómo se hacen las cosas.

Por primera vez en cinco años me di cuenta de que la mujer del club de campo no pretendía irritarme ni sabotear mi charla. Si hubiese sido así, sus ridículos parámetros no me habrían resultado tan devastadores. Su lista de normas reflejaba perfectamente todos nuestros miedos culturales. No queremos sentirnos incómodos. Queremos que nos proporcionen unas indicaciones rápidas y chapuceras de cómo debemos hacer las cosas para obtener la felicidad.

Y yo no respondía a esos parámetros. Nunca lo he hecho. No me malinterpretes; me encantaría saltarme la parte dura, pero no funciona. No cambiamos, no crecemos ni tampoco avanzamos si no hacemos lo que hay que hacer. Si realmente queremos vivir una vida dichosa, conectada y plena de significado, *tenemos* que hablar de las cosas que se interponen en nuestro camino.

Hasta aquel momento en que por fin me hice cargo de la historia y la expresé en voz alta, había permitido que el hecho de no ofrecer «consejos rápidos» y «cinco pasos sencillos» menoscabara mi sensación de valía profesional. Ahora que he reconocido la historia, me doy cuenta de que comprender la oscuridad aporta contexto y significado a mi búsqueda de la luz.

Me alegra poder decir que la *UP Experience* salió de maravilla. Lo que hice en mi charla fue contar esta historia «ligerita y jovial». Y desde luego que fue arriesgado, pero supuse que incluso los directores tienen que esforzase por sentirse válidos. Un par de semanas después del acto recibí una llamada de la organizadora. Me dijo:

—¡Enhorabuena! Han llegado las evaluaciones y tu charla ha sido una de las dos más valoradas del día. Teniendo en cuenta tu especialidad, eras la gran desconocida.

Este es el resumen:

> *Si deseamos vivir y amar con todo el corazón y queremos encajar en el mundo desde nuestra autoaceptación, debemos hablar de las cosas que nos lo dificultan…, en especial, de la vergüenza, el miedo y la vulnerabilidad.*

En círculos jungianos, la vergüenza suele calificarse como la ciénaga del alma. No estoy sugiriendo que debamos entrar y montar nuestro campamento en ella. Yo lo he hecho y puedo asegurarte que esta ciénaga es un lugar importante que se debe visitar, pero donde *no* resulta agradable vivir.

Lo que propongo es que aprendamos a vadearla. Tenemos que entender que el hecho de quedarnos de pie en la orilla y creer que va a sobrevenir una catástrofe si hablamos con honestidad de nuestros miedos resulta más doloroso que cogernos de la mano de un compañero en el que confiamos y cruzar. Y, lo que es más importante, tenemos que aprender por qué el hecho de intentar seguir haciendo pie en la inestable orilla mientras dirigimos la mirada hacia la ribera opuesta —donde nuestro sentido de valía personal nos está esperando— acaba siendo mucho más duro que abrirnos camino a través del terreno pantanoso.

Que nos digan «cómo hacer las cosas» es un atajo seductor, y lo entiendo. ¿Por qué cruzar la ciénaga si podemos sortearla?

Pero he aquí el dilema: ¿por qué resulta tan tentador que nos revelen el *cómo* si, en realidad, ya lo conocemos pero insistimos en seguir de pie en el mismo sitio anhelando conseguir más dicha, más conexión y más significado?

La inmensa mayoría de la gente que lee este libro sabe cómo comer de forma saludable. Yo puedo decirte las calorías de cada uno de los alimentos del supermercado y su índice glucémico como si fueran el padre nuestro. Desde luego, sabemos cómo comer de forma saludable.

También sabemos cómo tomar buenas decisiones en lo que respecta al dinero. Sabemos cómo atender nuestras necesidades emocionales. Sabemos todo esto y, sin embargo...

Somos las personas más obesas, medicadas, adictas y endeudadas DE LA HISTORIA.

¿Por qué? Tenemos más acceso a la información, más libros y mejor ciencia... Entonces, ¿por qué tenemos que esforzarnos más que nunca?

La respuesta es que no queremos hablar de aquellas cosas que nos impiden hacer lo que sabemos que es mejor para nosotros, para nuestros hijos, para nuestras familias, para nuestras organizaciones y para nuestras comunidades.

Puede que sepa todo lo que hay que saber sobre cómo comer de forma saludable, pero si es uno de esos días en los que Ellen tiene que terminar un trabajo del colegio que le está costando mucho, Charlie está malo en casa, yo estoy tratando de entregar un escrito a tiempo, las autoridades han aumentado el índice de riesgo de ataques terroristas, el césped del jardín se está secando, no me entran los vaqueros, la economía se está desplomando, Internet no funciona y nos hemos quedado sin bolsas para la caca del perro..., ¡olvídalo! Lo único que quiero es calmar mi terrible ansiedad con un pastel, una bolsa de patatas fritas y un poco de chocolate.

Nunca hablamos de lo que nos impulsa a seguir comiendo hasta que nos ponemos enfermos, a estar ocupados más allá de lo humanamente soportable y a desear con desesperación aletargarnos e insensibilizarnos; y nos llena de tanta ansiedad y dudas sobre nosotros mismos que nos impide actuar según lo que *sabemos* que es mejor para nosotros. Nunca hablamos del esfuerzo que tenemos que hacer para que se reconozca lo que valemos, un esfuerzo que se ha convertido en una parte tan consustancial de nuestra vida que ni siquiera nos damos cuenta de que estamos bailando al son que nos tocan.

Cuando tengo uno de esos días que acabo de describir, parte de mi ansiedad se convierte, sencillamente, en una faceta más de mi vida; pero hay otros días en los que la mayor parte de esta ansiedad surge de las expectativas que me marco a mí misma. Quiero que el trabajo de Ellen sea fabuloso. Quiero cuidar a

Charlie sin tener que preocuparme de los plazos de entrega que me marca la editorial. Quiero demostrarle al mundo lo buena que soy a la hora de compaginar mi vida familiar con mi profesión. Quiero que el jardín esté precioso. Quiero que la gente nos vea recogiendo la caca del perro en bolsas biodegradables y piense: «¡Míralos! Son unos ciudadanos ejemplares». Hay días en los que consigo combatir el ansia de ser todo para todos y hay días en los que esta ansiedad me supera.

Como explicamos en el capítulo anterior, cuando nos esforzamos por creer en nuestra valía personal tenemos que esmerarnos por conseguirla. El afán de sentirnos válidos tiene su propia banda sonora, y, para aquellos que tengáis mi edad o más, no estoy hablando precisamente de la marchosa música discotequera de los años setenta. Hablo de la cacofonía que forman nuestras películas interiores y los duendes de la vergüenza, esos mensajes que alimentan el «jamás estarás a la altura».

- «¿Qué va a pensar la gente?»
- «Todavía no puedes quererte a ti mismo; es imposible. No eres suficientemente _____» (guapa, delgada, exitosa, rica, inteligente, feliz, lista, femenina, masculino, productivo, agradable, fuerte, duro, cariñoso, popular, creativo, querido, admirado, colaborador)
- «Nadie se va a enterar de _____»
- «Voy a simular que todo va bien»
- «¡Puedo cambiar para encajar, si hace falta!»
- «¿Quién te has creído que eres para mostrar al mundo tus pensamientos/ obras de arte/ideas/creencias/escritos?»
- «Cuidarlos a ellos es más importante que cuidarme a mí mismo»

La vergüenza es ese sentimiento ardiente que nos inunda y nos hace sentir pequeños, imperfectos y siempre insuficientes. Así que si queremos desarrollar resiliencia hacia ella —es decir, si queremos ser capaces de reconocerla y superarla mientras conservamos nuestra valía y autenticidad—, tenemos que hablar sobre lo que la provoca.

Las conversaciones honestas sobre la vergüenza pueden cambiar nuestra forma de vivir, de amar, de educar a nuestros hijos, de trabajar y de entablar relaciones. Tengo más de mil cartas y correos electrónicos de lectores de *Creía que solo me pasaba a mí*, el libro que escribí sobre la resiliencia a la vergüenza, y todos dicen lo mismo: «¡Es increíble hasta qué punto hablar de la vergüenza me ha cambiado la vida!». (Y estate tranquilo, que aunque estés comiendo mientras hablas de ella, no te va a pasar nada, al contrario de lo que pensaba la mujer del club de campo).

PRINCIPIOS BÁSICOS
DE LA RESILIENCIA A LA VERGÜENZA

He aquí las tres primeras nociones que necesitas tener presentes sobre la vergüenza:

1. Todos la sentimos. Es universal, una de las emociones más primitivas que existen. Las únicas personas que no la experimentan son aquellas que carecen de empatía y conexión humana.
2. A todos nos asusta hablar de ella.
3. Cuanto menos hablemos de ella, más control ejercerá sobre nuestras vidas.

La vergüenza es básicamente el miedo a no ser dignos de amor; es lo contrario de reconocer nuestra historia y sentirnos valiosos. De hecho, la definición de vergüenza que yo desarrollé a partir de mi investigación es la siguiente:

La vergüenza es el sentimiento o la idea intensamente do-
lorosa de creer que somos imperfectos y, por tanto, no mere-
cedores de recibir amor ni de pertenecer[1].

La vergüenza mantiene alejado el sentimiento de valía personal, porque nos convence de que si reconocemos nuestras historias la gente va a tener peor opinión de nosotros. Solo se basa
en el miedo. Nos asusta la posibilidad de no gustarle a la gente
si saben de verdad lo que somos, nuestra procedencia, lo que
creemos, lo mucho que estamos luchando o, lo creas o no, lo es-
tupendos que somos cuando sobresalimos (a veces resulta tan
duro reconocer nuestra fuerza como nuestras dificultades).

A menudo la gente quiere creer que la vergüenza está reser-
vada a aquellos que han sobrevivido a traumas terribles, pero
no es así. Es algo que todos experimentamos. Y si bien nos da
la impresión de que se esconde en nuestros rincones más oscu-
ros, lo cierto es que tiende a acechar en todos los sitios conoci-
dos, incluidos la apariencia y la imagen corporal, la familia, los
padres, el dinero y el trabajo, la salud, las adicciones, el sexo, el
envejecimiento y la religión. Sentir vergüenza es propio del ser
humano.

A todo el mundo le cuesta reconocer las historias de sus luchas, y, si nos hemos esforzado por asegurarnos de que todo parezca «correcto» desde fuera, ponemos mucho en juego cuando
decidimos contar la verdad. Por eso la vergüenza adora a los perfeccionistas… ¡Es tan sencillo mantenernos callados!

Además del temor a decepcionar a la gente o a alejarla con
nuestras historias, también nos asusta la idea de que, si las contamos, el peso de una única experiencia podría derrumbarse so-

---

[1] Brené Brown, *Creía que solo me pasaba a mí (pero no es así): La ver-*
dad acerca del perfeccionismo, la ineptitud y el poder, Madrid, Gaia Ediciones,
2012.

bre nosotros. Existe un miedo real a ser enterrado o calificado a partir de una experiencia que, en realidad, es solo un atisbo de lo que somos.

Yo cuento muchas de estas historias en mi libro *Creía que solo me pasaba a mí*, pero la que me viene ahora a la mente es la de una mujer que reunió el coraje de contarle a su vecina que había conseguido superar una adicción al alcohol, a lo que la vecina respondió:

—Ahora ya no sé si me apetece que mis niños sigan yendo a jugar a tu casa.

Esta valiente mujer me contó que se sobrepuso al miedo y fue capaz de contestar:

—Llevan dos años viniendo, y yo, veinte sin beber. No soy distinta de lo que era hace diez minutos, así que ¿por qué cambias tú?

Si la vergüenza es el miedo universal a no ser merecedores de recibir amor y de pertenecer, y si todo el mundo tiene una necesidad ineludible e innata de experimentar amor y pertenencia, resulta fácil comprender por qué a menudo se la conoce como «la emoción maestra». No tenemos que experimentarla para que nos paralice; el miedo a ser percibidos como no válidos es suficiente para forzarnos a silenciar nuestras historias.

Y si bien todos tenemos vergüenza, lo bueno es que también todos somos capaces de desarrollar resiliencia. La resiliencia a la vergüenza es la capacidad de reconocerla, de superarla de forma constructiva preservando la valía personal y la autenticidad y, en último término, de desarrollar más coraje, compasión y conexión como resultado de nuestra experiencia. Lo primero que debemos comprender acerca de la resiliencia es que cuanto menos hablemos de la vergüenza más avergonzados nos sentiremos.

La vergüenza necesita tres cosas para descontrolarse: secretismo, silencio y juicio. Cuando sucede algo vergonzoso y nos lo guardamos, lo sucedido se encona y la vergüenza crece hasta que llega a consumirnos. Entonces no tenemos más remedio que compartir nuestra experiencia. La vergüenza la provocan las personas y la sanan también las personas; por eso, si podemos encontrar a alguien que se haya ganado el derecho de escuchar nuestra historia, tenemos que contársela. La vergüenza pierde poder cuando se expresa en voz alta. En otras palabras, para acabar con la vergüenza tenemos que cultivar nuestra historia, y para cultivar nuestra historia necesitamos desarrollar resiliencia a la vergüenza.

Tras una década de investigaciones, descubrí que los hombres y las mujeres con niveles elevados de resiliencia a la vergüenza comparten estos cuatro elementos:

1. Comprenden la vergüenza y reconocen qué mensajes y expectativas la desencadenan.
2. Practican la consciencia crítica, para lo cual cotejan con la realidad los mensajes y expectativas que afirman que *ser imperfecto* es lo mismo que ser inadecuado.
3. Se acercan a las personas en las que confían y comparten con ellas sus historias.
4. Hablan de la vergüenza; utilizan la palabra *vergüenza*, cuentan cómo se sienten y piden lo que necesitan.

Cuando pienso en aquellos hombres y mujeres de mi estudio que hablaban sobre el poder transformador de las historias —me refiero a quienes aceptan y comparten sus historias—, me doy cuenta de que también practicaban la resiliencia a la vergüenza.

Como la resiliencia a la vergüenza y la sensación de valía personal están tan relacionadas con aceptar nuestras propias historias, quiero compartir una experiencia que me sucedió a mí y que tiene que ver con la vergüenza. Sin embargo, antes de hacerlo me gustaría abordar dos cuestiones muy frecuentes sobre la vergüenza, porque creo que ayudarán a comprender con la cabeza y el corazón este asunto tan espinoso.

¿Cuál es la diferencia entre vergüenza y culpabilidad? La mayoría del personal clínico y de los investigadores de la vergüenza están de acuerdo en que la diferencia entre vergüenza y culpabilidad se entiende mejor como la diferencia entre «soy malo» e «hice algo malo».

Culpabilidad = Hice algo malo
Vergüenza = Soy malo

La vergüenza está relacionada con lo que somos, y la culpabilidad se centra en nuestra conducta. Nos sentimos culpables cuando comparamos algo que hemos hecho, o hemos dejado de hacer, con el tipo de persona que queremos ser. Es una sensación incómoda, pero resulta útil. Cuando nos disculpamos por algo malo que hemos hecho, reparamos una falta o modificamos una conducta con la que no nos sentimos a gusto, normalmente lo hacemos movidos por la culpabilidad. Esta sensación es igual de poderosa que la vergüenza, pero así como su efecto suele ser positivo, el de la vergüenza suele ser destructivo. Cuando vemos que una persona pide disculpas, repara una falta o sustituye conductas negativas por otras más positivas, lo que suele impulsarla a hacerlo es la culpabilidad, no la vergüenza. De hecho, en mi investigación descubrí que la vergüenza corroe la parte de nosotros que cree que podemos cambiar y hacer mejor las cosas[2].

¿Es que la vergüenza no nos mantiene a raya? Numerosos profesionales, yo entre ellos, hemos llegado a la conclusión de que la vergüenza tiene muchas más probabilidades de dar lugar

---

[2] La reseña más completa de la literatura actual relacionada con la investigación sobre la vergüenza y la culpa puede encontrarse en *Shame and Guilt*, de June Price Tangney y Ronda L. Dearing, Nueva York, Guilford Press, 2002.

a conductas destructivas y dañinas que de convertirse en una solución. Vuelvo a repetir que el deseo de sentirnos merecedores de recibir amor y de pertenecer forma parte de la naturaleza humana. Cuando experimentamos vergüenza nos sentimos desconectados y anhelamos con desesperación sentirnos válidos. Cuando nos invade la vergüenza, o el miedo a la vergüenza, crecen las probabilidades de que adoptemos conductas autodestructivas y ataquemos o avergoncemos a otros. De hecho, la vergüenza está relacionada con la violencia, la agresividad, la depresión, la adicción, los trastornos alimentarios y los abusos.

Los niños que hablan de sí mismos en términos más relacionados con la vergüenza que con la culpabilidad (o sea, los que dicen «soy malo» en lugar de «he hecho algo malo») tienen muchos problemas para valorarse a sí mismos y no llegar a odiarse. Utilizar la vergüenza como herramienta para educar transmite a los niños la idea de que no son intrínsecamente merecedores de amor.

INVESTIGADORA DE LA VERGÜENZA, ¡CÚRATE A TI MISMA!

Por muy informados que estemos sobre la vergüenza, no estamos libres de que nos asalte de pronto (créeme, lo sé por experiencia). Puedes encontrarte de repente en mitad de una situación vergonzosa sin tener ni idea de lo que está sucediendo ni de qué es lo que la ha provocado. ¡Lo bueno es que, con algo de práctica, también puede surgir la resiliencia a la vergüenza! La siguiente historia no solo ilustra la naturaleza insidiosa de la vergüenza, sino que también refuerza la importancia de hablar sobre ella y contar lo sucedido.

Durante varios meses de 2009 mi blog estuvo expuesto como ejemplo en la página principal de la empresa de *hosting* que tengo contratada. Me parecía muy divertido, porque me llegaba mucho tráfico de gente que normalmente no buscaría un blog sobre autenticidad y coraje. Un día recibí un correo electrónico de una mujer a la que le gustaban mi presentación y mi diseño. Sus palabras me hicieron sentir muy orgullosa y agradecida... hasta que llegué a esta parte de su mensaje:

> Me gusta muchísimo tu blog. Es muy creativo y fácil de leer. La única excepción sería la fotografía de tu amiga y tú en el cine... ¡Válgame Dios! Yo jamás pondría una foto mala en un blog; pero, claro, yo soy fotógrafa y tú no ;-)

Me quedé de piedra. La foto a la que hacía referencia era una que había hecho de mi buena amiga Laura y yo sentadas en una sala de cine oscura, esperando a que empezara la película *Sexo en Nueva York*. Era el día del estreno y nos sentíamos eufóricas e ilusionadas, así que saqué la cámara e hice la foto.

El comentario de aquella mujer me enfureció, me confundió y me sorprendió, pero de todas maneras seguí leyendo. Preguntaba un montón de cosas acerca del diseño del blog y solo al final explicaba que trabajaba con muchos «padres despistados», y por eso pensaba darles a conocer mi labor como educadora. «Qué se habrá creído». Me sentí furiosa.

Recorrí varias veces la cocina arriba y abajo como un león enjaulado y luego me senté a escribir un correo electrónico.

> El borrador número 1 incluía esta línea: «¡Válgame Dios! Yo jamás habría denostado la fotografía de otra persona; pero, claro, yo soy investigadora de la vergüenza y tú no».

El borrador número 2 incluía esta línea: «He visto tus fotografías por Internet. Si te preocupa el hecho de publicar fotos malas, creo que deberías repensarte la publicación de las tuyas».

El borrador número 3 incluía esta línea: «Cuando quieras mandar un correo electrónico repugnante, lo menos que puedes hacer es comprobar la ortografía. Tienes alguna falta importante».

Todos estos borradores eran mezquinos, asquerosos, pero no me importaba. De todas formas, tampoco los mandé; algo en mi interior me impedía hacerlo. Volví a leer mis agresivas respuestas, respiré hondo y me fui corriendo a mi dormitorio. Me puse a toda prisa las deportivas y una gorra de béisbol y salí a la calle. Necesitaba irme de casa y descargar la extraña energía que corría por mis venas.

Cuando llevaba algo más de dos kilómetros andando, llamé a mi buena amiga Laura, la que salía conmigo en la susodicha foto del cine. Le conté lo del correo electrónico de la mujer y ella exclamó perpleja:

—¿Bromeas?

—No. No bromeo. ¿Quieres oír mis tres respuestas? Estoy decidiendo cuál usar.

Le recité mis respuestas «asesinas y destructoras» y ella volvió a exclamar:

—Brené, son realmente groseras. Yo no sería capaz de mandarlas. Me limitaría a sentirme dolida y seguramente me echaría a llorar.

Laura y yo hablamos constantemente de cosas serias. Tenemos un ritmo muy cómodo; podemos estar un rato soltando palabras sin parar o quedarnos las dos calladas. Siempre estamos analizando y diciendo cosas como «A ver, un momento…, estoy pensando», «¿Le encuentras sentido a esto?» o *«No, no.* Espera. Me está viniendo».

En ese punto de la conversación, dije:

—Laura, no digas nada. Necesito pensar en lo que acabas de soltarme.

Durante dos o tres minutos lo único que se oyó fue mi jadeo sudoroso. Por último dije:

—¿Te sentirías ofendida y te echarías a llorar?

Laura respondió con renuencia:

—Sí. ¿Por qué?

—Bueno —titubeé—, estoy pensando que echarme a llorar y sentirme ofendida sería la opción valiente en mi caso.

—¿Qué quieres decir? —se sorprendió Laura.

Yo me expliqué lo mejor que pude:

—Ser grosera y mezquina es mi respuesta por defecto. No necesito coraje para avergonzar a alguien que me ha avergonzado; puedo utilizar mis superpoderes avergonzantes para el mal en una décima de segundo. Pero darme permiso para sentirme ofendida…, eso es harina de otro costal. Creo que tu respuesta por defecto es mi respuesta valiente.

Estuvimos un rato comentándolo y llegué a la conclusión de que el coraje de Laura es reconocer el daño sin escapar de él, mientras que el mío es reconocer el daño y no herir al que me lo hace. También estuvimos de acuerdo en que la crueldad nunca es valiente; es fundamentalmente barata y fácil, sobre todo en nuestra cultura actual.

Después de que hube recorrido otro par de kilómetros charlando, Laura preguntó:

—Vale, y ahora que ya hemos debatido y logrado reconocer el daño, ¿cuál sería tu reacción valiente respecto a este correo electrónico?

Yo luché por contener las lágrimas.

—Sentirme herida. Echarme a llorar. Contártelo. Dejarlo pasar. Borrar el mensaje. No responder siquiera.

Laura se quedo callada durante un minuto. Luego dijo inesperadamente:

—¡Madre mía! Eso es resiliencia a la vergüenza, ¿no? Estás practicando el coraje.

Me sentí confusa, como si jamás hubiera escuchado ese término antes.

—¿Qué? ¿A qué te refieres?

—Resiliencia a la vergüenza… Ya sabes…, tu libro. El azul. Los cuatro elementos de la resiliencia a la vergüenza: nombrarla, hablar de ella, reconocer tu historia, contarla. Tu libro —dijo Laura pacientemente. Ambas nos echamos a reír.

Yo pensé para mis adentros: «Fíjate, ¡al final resulta que lo que expliqué en ese libro funciona!».

Una semana más tarde estaba ante un grupo de setenta estudiantes de posgrado pertenecientes a mi curso de vergüenza y empatía. Les estaba hablando de los cuatro elementos de la resiliencia a la vergüenza cuando una de las alumnas levantó la mano y pidió un ejemplo. Decidí contarles mi historia de la fotografía. Es un ejemplo estupendo de cómo la vergüenza puede producirse a un nivel totalmente inconsciente y de lo importante que es nombrarla y hablar sobre ella.

Expuse la historia describiendo mi blog y mi nuevo compromiso de aprender fotografía. Les dije que me sentía vulnerable cuando compartía mis fotos y que aquel correo electrónico crítico me había hecho sentirme avergonzada y menospreciada.

Cuando les hablé de mi deseo vehemente de responder con crueldad, varios alumnos escondieron el rostro entre las manos o se limitaron a mirar a otro lado. Estoy segura de que hubo quienes se sintieron decepcionados por mi falta de luces. Otros parecían realmente asustados.

Un alumno levantó la mano y dijo:

—¿Puedo hacer una pregunta personal? —Dado que estaba en pleno proceso de compartir una experiencia sobre la vergüenza y la vulnerabilidad, me figuré que su pregunta no me iba a doler…, pero me equivoqué por completo. Con gran valor expuso—: Ha dicho que la vergüenza la produjo el hecho de sentirse criticada por su fotografía, pero ¿fue esa realmente la vulnerabilidad? ¿La vergüenza procedía de sentir que le estaban criticando una mala fotografía o se sintió avergonzada porque se estaba permitiendo mostrarse vulnerable y abierta en lugar de cerrada y protegida, y alguien la hirió? ¿No fue en realidad que se dio permiso para estar abierta a la conexión y resultó herida?

La boca se me secó. Empecé a sudar. Me froté la frente y luego miré cara a cara a los sonrojados estudiantes.

—¡No me lo puedo creer! Eso es exactamente lo que sucedió. No lo he sabido hasta ahora mismo, pero eso es lo que sucedió. Es exactamente lo que sucedió. Hice una foto tonta en el cine…, algo que no suelo hacer; pero estaba con una amiga íntima y ambas nos sentíamos frívolas e infantiles. La publiqué porque me entusiasmaba y me pareció divertido. Y entonces alguien me criticó.

Un par de estudiantes miraron furiosos a su valiente colega como diciendo: «Estupendo. Ya has conseguido traumatizarla». Pero yo no me sentía traumatizada. Ni descubierta. Ni expuesta. Me sentía liberada. La historia que necesitaba reconocer para acceder a mi valía personal no era la de una fotógrafa novata luchando contra la crítica a una de sus fotos. Era la de una persona muy seria que se mostraba divertida, espontánea, alocada e imperfecta, y alguien hurgaba en esa vulnerabilidad.

A menudo la resiliencia supone un lento despliegue de la comprensión. ¿Qué significó para mí aquella experiencia? ¿Qué estaban murmurando los duendecillos? No solo necesitamos admitir nuestra historia y querernos a nosotros mismos durante ese proceso: ¡también tenemos que averiguar cuál es la verdadera historia! Si deseamos desarrollar nuestra sensación de valía personal, tenemos que aprender a protegernos de la vergüenza.

¿QUÉ ASPECTO TIENE LA VERGÜENZA?

En lo relativo a comprender cómo nos defendemos de la vergüenza, albergo el máximo respeto hacia el trabajo del Stone Center de Wellesley (EE. UU.). La doctora Linda Hartling, antigua teórica de las relaciones y la cultura en dicho centro, y en la actualidad directora de Estudios de Dignidad Humana y Humillación, delinea las estrategias de desconexión que utilizamos para afrontar la vergüenza, basándose en el trabajo llevado a cabo por la difunta Karen Horney sobre avanzar, enfrentarse y alejarse[3].

Según la doctora Hartling, para gestionar la vergüenza algunas personas se *apartan* retirándose, escondiéndose, silenciándose y guardando secretos. Otras *avanzan* buscando calmar y agradar, y otras *se enfrentan* intentando ganar poder sobre los demás, siendo agresivas y utilizando la vergüenza para combatir la vergüenza (como, por ejemplo, enviando correos electrónicos realmente mezquinos).

La mayoría de nosotros utilizamos todas estas estrategias, eligiendo la que nos parece más adecuada según la situación, las personas implicadas y la razón que nos mueve a ello. Sin embargo, todas nos separan de nuestra historia. La vergüenza implica miedo, culpabilidad y desconexión, en tanto que admitir la historia supone demostrar nuestra valía innata y aceptar las imperfecciones que nos aportan coraje, compasión y conexión. Si queremos una vida plena, sin el constante temor de no ser suficientes tal cual somos, tenemos que admitir nuestra historia. También debemos responder a la vergüenza de una forma que no la agrave. Y una manera de hacerlo consiste en reconocer

---

[3] Linda M. Hartling, Wendy Rosen, Maureen Walker y Judith V. Jordan, *Shame and Humiliation: From Isolation to Relational Transformation*, Work in Progress, núm. 88, Wellesley, MA, The Stone Center, Wellesley College, 2000.

cuándo nos sentimos avergonzados, para poder reaccionar de forma intencionada.

La vergüenza es una emoción que nos inunda por completo. Los hombres y las mujeres con un nivel elevado de resiliencia a ella saben cuándo se está manifestando. La forma más fácil de reconocerla es hacernos conscientes de los síntomas físicos que nos provoca. Como mencioné en el capítulo sobre el coraje, la compasión y la conexión, sé que estoy luchando contra la vergüenza cuando me baña esa cálida sensación de insuficiencia, se me desboca el corazón, siento calor en el rostro, se me seca la boca, las axilas me hormiguean y el tiempo se ralentiza. Es importante conocer nuestros síntomas personales para poder responder de forma *deliberada*.

Cuando estamos avergonzados no somos aptos para el consumo humano. Necesitamos regresar a nuestra estabilidad emocional para no llegar a hacer, decir, mandar por correo electrónico o escribir algo que luego lamentaremos. Yo sé que tardo entre diez y quince minutos en recuperarme y que, seguro, me echo a llorar antes de estar lista. También necesito rezar. Saber todo eso supone una gran ventaja para mí.

Si quieres darle el primer impulso a tu resiliencia a la vergüenza y empezar a contar tu historia, comienza con estas preguntas. Averiguar las respuestas te puede cambiar la vida:

1. ¿En quién te conviertes cuando estás arrinconado por la vergüenza?
2. ¿Cómo te proteges?
3. ¿A qué recurres cuando tienes que enfrentarte a la mezquindad, cuando te echas a llorar a escondidas o cuando quieres agradar a la gente?
4. ¿Qué es lo más valiente que podrías hacer por ti cuando te sientes pequeño y herido?

Nuestras historias no son para todo el mundo. Escucharlas es un privilegio, así que siempre deberíamos plantearnos esta pregunta antes de compartirlas: «¿Quién se ha ganado el derecho de escuchar mi historia?». Si contamos con una o dos personas que puedan sentarse con nosotros, estar atentas a nuestras historias que tienen que ver vergüenza y quererrnos tanto por nuestros puntos fuertes como por los débiles, somos increíblemente afortunados. Si tenemos un amigo, un pequeño grupo de amigos o algún familiar que acepten nuestras imperfecciones, debilidades y fortalezas, y sean capaces de colmarnos de una sensación de pertenencia, somos increíblemente afortunados.

No necesitamos que todo el mundo nos quiera ni preste atención a nuestras historias, como tampoco nos hace falta que *todos* refuercen nuestra sensación de pertenencia: lo importante es que al menos lo haga una persona. Si tenemos a esa persona o a ese pequeño grupo de confidentes, la mejor forma de honrar estas conexiones es reconocer lo que valemos. Porque si estamos trabajando para obtener unas relaciones basadas en el amor, la pertenencia y las historias, tenemos que empezar en el mismo punto: me lo merezco.

CULTIVAR
LA AUTENTICIDAD

Líbrate de la preocupación
por lo que puedan pensar los demás

A menudo la gente pretende vivir la vida al revés: intentan tener más cosas, o más dinero, para poder hacer más cosas que les hagan sentir más felices. Y lo cierto es que primero debes ser quien realmente eres y luego hacer lo que realmente tienes que hacer para conseguir lo que quieres.

MARGARET YOUNG

ANTES DE EMPEZAR LA INVESTIGACIÓN estaba convencida de que la gente era auténtica o no lo era; para mí la autenticidad era sencillamente una cualidad que tenías o no tenías. De hecho, creo que cuando decimos: «Es una persona muy auténtica» casi todos expresamos esa idea. Sin embargo, cuando empecé a adentrarme en la investigación y a realizar mi propio trabajo personal, me di cuenta de que, al igual que sucede con muchas otras cualidades que nos gustaría desarrollar, la autenticidad no es algo que tengamos o no. Es una práctica, una elección consciente de cómo queremos vivir.

La autenticidad es un conjunto de decisiones que tenemos que tomar cada día. Es la decisión de ser reales y mostrarnos tal cual somos. La decisión de ser honestos. La decisión de dejar que se vea nuestro verdadero yo.

Hay personas que practican la autenticidad de forma consciente, otras que no lo hacen, y luego estamos el resto, que unos días somos auténticos y otros no tanto. Créeme: aunque sé mucho sobre la autenticidad y es algo que me esfuerzo por alcanzar, cuando me abruman la vergüenza o las dudas con respecto a mí misma, puedo traicionarme y ser la persona que quieras que sea.

La idea de que podamos elegir ser auténticos nos ilusiona a casi todos y, a la vez, nos deja extenuados. Nos ilusiona porque ser reales es algo que valoramos. A la mayoría de nosotros nos atraen las personas afectuosas, sensatas y honestas, y nos gustaría ser como ellas. Pero al mismo tiempo la idea nos deja extenuados, porque, sin tener que reflexionar profundamente sobre el tema, sabemos que elegir la autenticidad en una cultura que lo dicta todo —desde cuánto se supone que debemos pesar hasta qué aspecto deben tener nuestras casas— es una empresa abrumadora.

Dada la magnitud de la tarea que supone ser auténtico en una cultura que solo pretende que «encajes» y «agrades a la gente», decidí utilizar mi investigación para desarrollar una definición de autenticidad que pudiera emplear como referencia. ¿Cuál es la anatomía de la autenticidad? ¿Qué partes son las que se unen para crear un yo auténtico? He aquí lo que desarrollé:

La autenticidad es la práctica diaria de librarnos de lo que creemos que deberíamos ser y abrazar en cambio lo que realmente somos.

Elegir la autenticidad significa:

- *cultivar el coraje de ser imperfectos, establecer límites y darnos permiso para ser vulnerables;*
- *ejercitar la compasión que procede de saber que todos estamos hechos de fuerza y esfuerzo, y*
- *nutrir la conexión y la sensación de pertenencia, que solo pueden darse cuando creemos que somos suficientes tal cual somos.*

> *La autenticidad nos exige que vivamos y amemos de todo corazón, incluso cuando nos resulta difícil, incluso cuando tenemos que luchar contra la vergüenza y el miedo a no ser suficientemente buenos, y especialmente en los momentos en que sentimos una dicha tan intensa que nos asusta darnos permiso para disfrutarla.*
>
> *Practicar la autenticidad de forma consciente durante nuestros más arduos esfuerzos por hallar nuestra alma es la forma en que podemos invitar a la gracia, la dicha y la gratitud a entrar en nuestra vida.*

Observarás que muchos de los temas de los diez hitos aparecen entrelazados en esta definición. Es un asunto que se repite a lo largo de todo el libro; todos los hitos están conectados y relacionados entre sí. Puesto que mi objetivo es hablar de ellos de manera individual y colectiva, quiero que investiguemos cómo funciona cada uno por separado y cómo encajan entre sí. Dedicaremos el resto del libro a analizar términos como *perfección*, para comprender por qué son tan importantes y entender lo que a menudo se interpone en nuestro camino hacia una vida de todo corazón.

Elegir la autenticidad no es una decisión fácil. E. E. Cummings escribió: «No ser nadie más que tú mismo en un mundo que está haciendo todo lo posible, día y noche, por convertirte en cualquiera menos en ti significa librar la batalla más dura que un ser humano puede librar, y no dejar nunca de pelear». «No dejar de ser reales» es una de las batallas más valientes que libraremos jamás.

Cuando elegimos ser leales a lo que somos, la gente que nos rodea tiene que hacer un esfuerzo por entender cómo y por qué estamos cambiando. Es posible que nuestras parejas y nuestros hijos se muestren asustados e inseguros con los cambios que están presenciando. Puede que los amigos y familiares se preocupen por la forma en que nuestra práctica de la autenticidad va a afectarles a ellos y a nuestra relación mutua. Algunos encontrarán inspiración en nuestro nuevo compromiso; otros quizá perciban que estamos cambiando demasiado; puede que incluso crean que estamos abandonándolos o poniéndolos delante de un espejo incómodo.

Lo que desafía al *statu quo* no son los *actos de autenticidad*, sino más bien lo que yo concibo como la *audacia de la autenticidad*. A muchos se nos dispara la vergüenza cuando creemos que nos pueden percibir como autoindulgentes o egocéntricos, porque no queremos que nuestra autenticidad se considere egoísta o narcisista. Cuando empecé a practicar la autenticidad y la sensación de valía personal de forma consciente, me parecía que cada día tenía que someterme al desafío de un puñado de duendecillos de la vergüenza, cuyas voces pueden llegar a ser realmente fuertes e insistentes:

- «¿Qué pasa si yo considero que soy suficiente pero los demás no?»
- «¿Qué pasa si dejo que se vea y se conozca mi yo imperfecto y a nadie le gusta lo que ve?»
- «¿Qué pasa si a mis amigos/familiares/compañeros de trabajo les gusta más el yo perfecto…, ya sabes, el que atiende a todo y a todos?»

A veces, si forzamos el sistema, este se revuelve contra nosotros. Su contraataque puede adoptar innumerables formas, desde alzar los ojos al techo y susurrar a nuestras espaldas hasta desatar luchas en nuestras relaciones y hacer que nos sintamos aislados. También podemos recibir respuestas crueles y humillantes contra nuestra voz auténtica. En mi investigación sobre la autenticidad y la vergüenza descubrí que algo que avergüenza mucho a las mujeres es decir las cosas en voz alta. He aquí cómo describían los participantes en la investigación su lucha por ser auténticos:

- No incomodar a la gente, pero ser honesto.
- No molestar a nadie ni herir ningún sentimiento, pero decir lo que se piensa.
- Parecer informado y educado, pero no ser un sabelotodo.
- No decir nada impopular o controvertido, pero tener el coraje de estar en desacuerdo con la masa.

También descubrí que, tanto para los hombres como para las mujeres, el hecho de que sus opiniones, sentimientos y creencias entren en conflicto con las expectativas culturales asignadas a cada género supone una lucha. Por ejemplo, la investigación sobre los atributos asociados con «ser femenina» revela que algunas de las cualidades más importantes para las mujeres son ser delgada, agradable y modesta[1]. Eso significa que si las mujeres deseamos apostar sobre seguro, debemos estar dispuestas a mostrarnos todo lo pequeñitas, calladitas y atractivas que nos sea posible.

Al analizar los atributos asociados con la masculinidad, los investigadores identificaron que lo importante para los hombres era lo siguiente: el control emocional, la primacía del trabajo, el control sobre las mujeres y la búsqueda de estatus[2]. Eso significa que si los hombres quieren apostar sobre seguro, deben dejar de sentir, empezar a ganar dinero y abandonar cualquier posibilidad de mantener una conexión significativa.

---

[1] James R. Mahalik, Elisabeth B. Morray, Aimée Coonerty-Femiano, Larry H. Ludlow, Suzanne M. Slattery y Andrew Smiler, «Development of the Conformity to Feminine Norms Inventory», *Sex Roles* 52, núms. 7-8 (2005): 417-435.

[2] James R. Mahalik, W. Tracy Talmadge, Benjamin D. Locke y Ryan P. J. Scott, «Using the Conformity to Masculine Norms Inventory to Work with Men in a Clinical Setting», *Journal of Clinical Psychology* 61, núm. 6 (2005): 661-674; James R. Mahalik, Benjamin D. Locke, Larry H. Ludlow, Matthew A. Diemer, Ryan P. J. Scott, Michael Gottfried y Gary Freitas, «Development of the Conformity to Masculine Norms Inventory», *Psychology of Men and Masculinity* 4, núm. 1 (2003): 3-25.

El caso es que… la autenticidad no es siempre una opción segura. A veces, elegir ser uno mismo en lugar de intentar gustar significa correr riesgos; implica salir de la zona de confort. Y créeme, como he salido de ella en muchas ocasiones, estoy en condiciones de afirmar que cuando deambulas por territorios nuevos es fácil que te derriben.

Resulta sencillo atacar y criticar a alguien que está asumiendo riesgos, como dar voz a una opinión impopular, compartir con el mundo una creación original o intentar hacer algo nuevo que aún no domina. La crueldad es barata, fácil y vertiginosa. También es cobarde. En especial cuando se ataca y critica de forma anónima, tal como la tecnología actual permite hacer a tantas personas hoy en día.

Mientras luchamos por ser auténticos y valientes, es importante que recordemos que la crueldad hace daño siempre, incluso cuando las críticas faltan a la verdad. Cuando vamos a contracorriente y exponemos nuestra obra y a nosotros mismos ante el mundo, algunas personas se sienten amenazadas y nos atacan donde más nos duele, como nuestro aspecto, nuestra capacidad para ser amados e incluso nuestra forma de educar a nuestros hijos.

El problema es que, si no nos importa en absoluto lo que pueda pensar la gente y somos inmunes al dolor, también somos ineficaces a la hora de conectarnos. Tener coraje significa contar nuestra historia sin ser inmunes a las críticas. El hecho de mostrarnos vulnerables es un riesgo que debemos asumir si queremos experimentar la conexión.

Si te pareces a mí, es muy probable que la posibilidad de poner en práctica la vulnerabilidad te intimide; nadie duda de que exponer nuestro verdadero yo al mundo conlleva un riesgo. Pero estoy convencida de que, cuando ocultamos nuestros dones y a nosotros mismos de la vista de los demás, el riesgo que corremos es aún mayor. Nuestras ideas, opiniones y contribuciones no expresadas no desaparecen; por el contrario, lo más probable es que se enconen y socaven la sensación de que valemos. Yo creo que deberíamos nacer con una etiqueta de advertencia similar a las que aparecen en los paquetes de cigarrillos: «Aviso: si comercias con tu autenticidad en aras de tu seguridad, puedes experimentar los siguientes síntomas: ansiedad, depresión, trastornos alimentarios, adicciones, rabia, culpabilidad, resentimiento y amargura inexplicable».

No merece la pena sacrificar lo que somos en favor de lo que otros puedan pensar. Sí, es posible que al principio resulte difícil para las personas que nos rodean, pero al final, el hecho de ser leales a nosotros mismos es el mejor regalo que podemos ofrecer a nuestros seres queridos. Cuando dejé de intentar ser todo para todos, tuve mucho más tiempo, atención, amor y conexión que ofrecer a las personas importantes de mi vida. El hecho de que yo practique la autenticidad puede resultar duro para Steve y para los niños, sobre todo porque me exige tiempo, energía y atención. Pero ha animado a Steve, Ellen y Charlie a involucrarse en la misma lucha, y ahora todos estamos en ella.

DAR MÁS

Deliberación: Siempre que tengo que afrontar una situación de vulnerabilidad me reafirmo en mis intenciones repitiéndome a mí misma: «No te encojas. No te envanezcas. Mantente en tu terreno sagrado». Estoy convencida de que mantener nuestro terreno conlleva algo profundamente espiritual. Pronunciar este pequeño mantra me ayuda a recordar que no debo empequeñecerme para que los demás se sientan cómodos ni tampoco ponerme una armadura para protegerme.

Abrirse a la inspiración: A mí me inspira todo aquel que comparte su trabajo y sus opiniones con el mundo. El coraje es contagioso. Mi amiga Katherine Center afirma: «Tienes que ser valiente en tu vida para que otros puedan ser valientes en la suya»[3].

Responder activamente: Cuando afronto una situación en la que me siento vulnerable, intento que la autenticidad sea mi objetivo número uno. Si la autenticidad es mi objetivo y la hago realidad, nunca lo lamento. Es posible que mis sentimientos resulten heridos, pero rara vez siento vergüenza. Cuando mis objetivos son la aceptación o la aprobación y no las consigo, en mi caso suele dispararse la vergüenza: «No soy suficientemente buena». Si mi objetivo es ser auténtica y no gusto, no me afecta; pero si mi objetivo es gustar y no gusto, aparecen los problemas. Así que sigo adelante convirtiendo la autenticidad en mi prioridad.

¿Y cuál es tu forma de DAR más?

---

[3] Blog de Katherine Center; ensayo para el vídeo *Defining a Movement*, publicado el 28 de enero del 2010, http://www.katherinecenter.com/defining-a-movement/.

CULTIVAR LA AUTOCOMPASIÓN

Líbrate del perfeccionismo

Lo realmente duro, y realmente asombroso, es renunciar a ser perfecto para empezar el trabajo de convertirse en uno mismo.

ANNA QUINDLEN [1]

UNA DE LAS MEJORES FACETAS de mi trabajo es la de recibir cartas y correos electrónicos de los lectores. A principios de 2009 recibí mi correo electrónico número mil de un lector de *Creía que solo me pasaba a mí*, así que para celebrarlo decidí organizar en el blog una lectura en directo del libro. Iba a durar semanas, y la bauticé como *Des-vergüenza y Alegría*.

Básicamente consistía en un club de lectura en la web. Cubríamos un capítulo por semana y ofrecíamos posts, podcast, debates y ejercicios creativos artísticos. Esta lectura en directo fue grabada y está ahora colgada en mi blog; de hecho, mucha gente sigue usándola. Leer todo el libro en grupo o con un amigo resulta mucho más eficaz.

Justo antes del comienzo recibí un correo electrónico que

[1] Anna Quindlen, «Anna Quindlen's Commencement Speech», http://www.mtholyoke.edu/offices/comm/oped/Quindlen.shtml; Anna Quindlen, *Being Perfect*, Nueva York, Random House, 2005.

decía: «Me encanta la idea de una lectura en directo. Creo que no tengo problemas con la vergüenza, pero si alguna vez haces algo sobre perfeccionismo, seré la primera en conectarme para leer». La firma iba seguida de una frasecita que decía: «P. D. La vergüenza y el perfeccionismo no están relacionados, ¿verdad?».

Mi respuesta se centró en explicar la relación entre vergüenza y perfeccionismo: allí donde hay perfeccionismo, la vergüenza siempre está al acecho. De hecho, la vergüenza es el lugar donde nace el perfeccionismo.

Me gustó muchísimo su respuesta: «Quizá quieras hablar un poco de eso antes de que empecemos la lectura. Mis amigos y yo sabemos que tenemos que luchar contra el perfeccionismo, pero creemos que no tenemos problemas con la vergüenza».

«Creemos que no tenemos problemas con la vergüenza». ¡No te imaginas la cantidad de veces que he oído esa frase! Ya sé que *vergüenza* es una palabra que intimida; el problema es que, cuando no la asumimos, ella nos asume a nosotros. Y una de las grietas por las que se cuela en nuestra vida es el perfeccionismo.

Como perfeccionista en plena terapia de deshabituación y aspirante a sentirme merecedora y suficiente, me ha resultado extremadamente útil destrozar algunos de los mitos sobre el perfeccionismo para desarrollar una definición que pudiera captar con exactitud lo que es y el efecto que produce en nuestra vida.

- *Perfeccionismo* no *es lo mismo que esforzarse por dar el máximo*. El perfeccionismo *no* está relacionado con los logros saludables y el crecimiento; es la convicción de que, si vivimos de forma perfecta, tenemos un aspecto perfecto y actuamos de manera perfecta, podemos minimizar o evitar el dolor de la culpa, el juicio y la vergüenza. Es un escudo. El perfeccionismo es un escudo de veinte toneladas que arrastramos creyendo que nos va a proteger, cuando en realidad es lo que nos está impidiendo echar a volar.

- *Perfeccionismo* no *es sinónimo de mejora personal*. En el fondo, el perfeccionismo está relacionado con intentar obtener aprobación y aceptación. A la mayoría de los perfeccionistas los educaron alabándolos por sus logros y su actuación (títulos, modales, cumplir con las normas, agradar a las personas, apariencia, deportes). Así que, en algún punto del camino, acaban adoptando un sistema de creencias de lo más peligroso y debilitador: soy lo que consigo y lo bien que lo consigo. *Agradar. Rendir. Ser perfecto.* El esfuerzo saludable está centrado en uno mismo: «¿Cómo puedo mejorar?»; pero el perfeccionismo se centra en el otro: «¿Qué va a pensar?».

Comprender la diferencia entre esfuerzo saludable y perfeccionismo es básico para soltar el escudo y recobrar la vida. Las investigaciones revelan que el perfeccionismo obstaculiza el éxito; de hecho, a menudo se convierte en el camino hacia la depresión, la ansiedad, la adicción y la parálisis vital[2]. La expresión *parálisis vital* hace referencia a todas las oportunidades que perdemos porque nos asusta demasiado mostrar al mundo algo que podría ser imperfecto. También se refiere a todos los sueños que no seguimos por culpa de nuestro miedo a fracasar, a cometer errores y a decepcionar a los demás; un miedo que tenemos

---

[2] Joe Scott, «The Effect of Perfectionism and Unconditional Self-Acceptance on Depression», *Journal of Rational-Emotive and Cognitive-Behavior Therapy* 25, núm. 1 (2007): 35-64; Anna M. Bardone-Cone, Katrina Sturm, Melissa A. Lawson, D. Paul Robinson y Roma Smith, «Perfectionism across Stages of Recovery from Eating Disorders», *International Journal of Eating Disorders* 43, núm. 2 (2010): 139-148; Hyunjoo Park, P. Paul Heppner y Dong-gwi Lee, «Maladaptive Coping and Self-Esteem as Mediators between Perfectionism and Psychological Distress», *Personality and Individual Differences* 48, núm. 4 (marzo 2010): 469-474.

muy arraigado. Cuando eres perfeccionista, el riesgo te aterroriza, porque tu propia sensación de valía personal está en juego.

Uní estas tres ideas para esbozar una definición de perfeccionismo (¡porque ya sabes lo mucho que me gusta envolver mis dificultades en palabras!). Es larga, pero ¡no veas lo que me ha ayudado! Es también la definición «más solicitada» de mi blog.

- *El perfeccionismo es un sistema de creencias autodestructivo y adictivo que alimenta el siguiente pensamiento primario: «Si tengo un aspecto perfecto, vivo perfectamente y hago todo a la perfección, puedo evitar o minimizar los dolorosos sentimientos de vergüenza, juicio y culpa».*
- *El perfeccionismo es autodestructivo, sencillamente porque la perfección no existe. La perfección es un objetivo inalcanzable. Además, el perfeccionismo está muy relacionado con la percepción: queremos que nos perciban como perfectos. Pero también esto es inalcanzable: no hay modo de controlar la percepción, por mucho tiempo y energía que invirtamos en intentarlo.*
- *El perfeccionismo es adictivo, porque cuando, de forma inevitable, experimentamos vergüenza, juicio y culpa, solemos creer que se debe a que no fuimos suficientemente perfectos. Por tanto, en lugar de cuestionar la lógica defectuosa del perfeccionismo, nos anclamos más en nuestro intento de vivir correctamente, tener un aspecto correcto y hacerlo todo de manera absolutamente correcta.*
- *Sentirse avergonzado, juzgado y culpado (y el miedo que producen estos sentimientos) es una realidad de la experiencia humana. Lo que sucede de verdad es que el perfeccionismo aumenta las probabilidades de experimentar estas dolorosas emociones y a menudo conduce a la autoculpabilización: «Es culpa mía. Me siento así porque no soy suficientemente bueno».*

Para superar el perfeccionismo debemos reconocer nuestra vulnerabilidad a las experiencias universales de la vergüenza, el juicio y la culpa, desarrollar resiliencia a la vergüenza y practicar la autocompasión. Cuando nos volvemos más cariñosos y compasivos con nosotros mismos y empezamos a practicar la resiliencia a la vergüenza, adquirimos la capacidad de aceptar nuestras imperfecciones. Y es en el proceso de aceptación de nuestras imperfecciones donde encontramos nuestros dones más auténticos: el coraje, la compasión y la conexión.

Según lo que indican mis datos, creo que no existen personas perfeccionistas y otras que no lo son. En mi opinión, el perfeccionismo es un continuo. Todos tenemos una cierta tendencia perfeccionista. Quizá en algunas personas solo aflora cuando se sienten especialmente vulnerables, en tanto que en otras puede ser compulsiva, crónica y debilitante, algo parecido a una adicción.

Para empezar a combatir mi perfeccionismo me he puesto a analizar por separado cada una de sus partes, por demás confusas. Al final he logrado comprender (de verdad) la diferencia entre perfeccionismo y logro saludable. Explorar nuestros miedos y cambiar nuestra charla con nosotros mismos son dos pasos fundamentales para superarlo.

He aquí mi ejemplo:

> Como la mayoría de las mujeres, mantengo una lucha constante con mi imagen física, mi autoconfianza y la siempre complicada relación entre comida y emociones. Esta es la diferencia entre dietas perfeccionistas y objetivos saludables:
>
> **Diálogo interno perfeccionista:** «Qué horror. No tengo nada que ponerme. Estoy gorda y fea. Me avergüenza mi aspecto. Necesito ser distinta de lo que soy ahora mismo para merecer amor y desarrollar una sensación de pertenencia».

Diálogo interno que busca la salud: «Quiero esto para mí. Quiero sentirme mejor y estar más sana. El peso no dicta si los demás me quieren y me aceptan. Si me creo merecedora de amor y respeto ahora, estaré invitando al coraje, a la compasión y a la conexión a entrar en mi vida. Esto es lo que quiero conseguir para mí. Y puedo hacerlo».

En mi caso, los resultados de este cambio supusieron un antes y un después. El perfeccionismo no conducía a buenos resultados: conducía a la mantequilla de maní.

También tuve que confiar en el viejo «simúlalo hasta que te salga» unas cuantas veces. En mi opinión es algo así como practicar la imperfección. Por poner un ejemplo, en cierta ocasión, justo cuando estaba empezando a trabajar en esta definición, llegaron unos amigos a casa. Mi hija Ellen, que por entonces tenía nueve años, gritó:

—¡Mamá! ¡Don y Julie están en la puerta!

La casa estaba hecha un desastre y, por el tono de Ellen, pude adivinar que estaba pensando: «¡Oh, no! Mamá se va a poner de los nervios».

—Un segundo —contesté, mientras me apresuraba a vestirme. Ella vino corriendo a mi cuarto y dijo:

—¿Quieres que te ayude a recoger?

—No —respondí—. Solo voy a vestirme. Me alegro mucho de que hayan venido. ¡Qué sorpresa tan agradable! ¡A quién le importa la casa! —y me dejé arrullar por la «Plegaria de la Serenidad».

Si queremos vivir y amar con todo nuestro corazón, ¿cómo impedimos que el perfeccionismo sabotee nuestros esfuerzos? Al entrevistar a hombres y mujeres que se involucraban en el mundo partiendo de una postura de autenticidad y convencimiento frente a su valía personal, me di cuenta de que, en lo relativo al perfeccionismo, tenían mucho en común.

En primer lugar, hablaban de su imperfección de una forma tierna y honesta, sin vergüenza ni miedo. En segundo lugar, no se apresuraban a juzgarse a sí mismos y a los demás, sino que actuaban partiendo de la postura de que «todos estamos haciéndolo lo mejor que podemos». Su coraje, compasión y conexión parecían estar enraizados en la forma en la que se trataban a sí mismos. Yo no tenía muy claro cómo se conquistan estos atributos, pero daba por supuesto que eran cualidades independientes. Eso fue hasta hace dos años, cuando encontré el trabajo de la doctora Kristin Neff sobre la autocompasión. Vamos a explorar el concepto de la autocompasión y por qué es esencial para practicar la autenticidad y aceptar la imperfección.

AUTOCOMPASIÓN

> Un momento de autocompasión puede cambiar todo un día. Una sucesión de momentos de autocompasión puede cambiar el curso de toda la vida.
>
> CHRISTOPHER K. GERMER [3]

La doctora Kristin Neff es investigadora y profesora en la Universidad de Texas, en Austin (EE. UU.). Dirige el Laboratorio de Investigación sobre la Autocompasión, donde estudia cómo desarrollamos y practicamos la autocompasión. Según Neff, la autocompasión está formada por tres elementos: amabilidad hacia uno mismo, humanidad y consciencia [4]. Estas son las definiciones abreviadas de cada uno de ellos:

---

[3] Christopher K. Germer, *The Mindful Path to Self-Compassion: Freeing Yourself from Destructive Thoughts and Emotions*, Nueva York, Guilford Press, 2009.

[4] Kristin D. Neff, «Self-Compassion: An Alternative Conceptualization of a Healthy Attitude Toward Oneself», *Self and Identity* 2 (2003): 85-101.

- *Amabilidad hacia uno mismo*: ser cariñosos y comprensivos con nosotros mismos cuando sufrimos, fallamos o nos sentimos incapaces, en lugar de ignorar el dolor o flagelarnos a través de la autocrítica.
- *Humanidad*: reconocer que el sufrimiento y la sensación de incompetencia personal forman parte de la experiencia humana compartida; son algo que todos sufrimos y no cosas que solo «me suceden a mí».
- *Consciencia*: adoptar un enfoque equilibrado de las emociones negativas, de manera que los sentimientos no se supriman ni se exageren. No podemos ignorar nuestro dolor y sentir compasión hacia él al mismo tiempo. La consciencia necesita que no nos «sobreidentifiquemos» con los pensamientos y sentimientos, para evitar vernos atrapados y arrastrados por la negatividad.

Uno de los aspectos que más me fascinan del trabajo de la doctora Neff es su definición de *consciencia*. Muchos de nosotros creemos que ser conscientes significa afrontar las emociones dolorosas, pero ella nos recuerda que también supone no sobreidentificarnos con nuestros sentimientos ni exagerarlos. En mi opinión, es algo clave para quienes tenemos que luchar contra el perfeccionismo. Te ofrezco el ejemplo «perfecto»: recientemente envié un correo electrónico a una autora para preguntarle si podía citar su obra en este libro, y señalé el pasaje exacto que quería incluir para que pudiera tomar una decisión informada. Ella accedió con generosidad, pero me advirtió que no utilizara el párrafo del mensaje tal cual, porque había escrito mal su nombre.

A mí me entró una parálisis perfeccionista total. «¡Dios mío! Le escribo para preguntarle si puedo citarla y pongo mal su nombre. Probablemente piensa que soy una chapucera total. ¿Cómo pude ser tan descuidada?». No era un ataque de vergüenza —no me hundí tanto—, pero tampoco respondí con autocompasión. Fue algo más parecido a verme «arrastrada por la reactividad negativa». Por suerte, tenía un borrador de este capítulo en la mesa. Lo repasé y sonreí. «Sé amable contigo misma, Brené. No es para tanto».

Con este ejemplo de intercambio de correos electrónicos puedes ver cómo mi perfeccionismo y mi falta de autocompasión pudieron llevarme con facilidad al juicio. Me consideré una chapucera descuidada por haber cometido un pequeño y único fallo. Siguiendo el mismo criterio, cuando recibo un correo electrónico que contiene errores, tiendo a hacer juicios generalizadores. Y llega a convertirse en un asunto realmente peligroso si viene Ellen y me dice:

—Acabo de mandar un correo electrónico a mi profesora y sin querer he escrito mal su nombre.

¿Cómo le contesto? Puedo decirle: «¿Qué? ¡Eso es inaceptable!», o bien: «Yo he hecho lo mismo; es normal cometer errores».

El perfeccionismo nunca se produce en el vacío. Toca a todo lo que nos rodea. Se lo transmitimos a nuestros hijos, infectamos nuestro puesto de trabajo con expectativas imposibles y resulta sofocante para nuestros amigos y familiares. A Dios gracias, también la compasión se expande con rapidez. Cuando somos amables con nosotros mismos creamos una reserva de compasión que podemos extender a otros. Nuestros niños aprenden a ser autocompasivos al observarnos, y las personas que nos rodean se sienten libres para ser auténticas y estar conectadas.

DAR MÁS

Deliberación: Una herramienta que me ha ayudado a adoptar una actitud deliberada hacia mi autocompasión es la Escala de Autocompasión de la doctora Neff[5]. Se trata de un breve test que mide los elementos de la autocompasión (amabilidad hacia uno mismo, humanidad y consciencia) y los factores que la entorpecen (autocrítica, aislamiento y sobreidentificación). La escala me ayudó a darme cuenta de que se me dan muy bien la humanidad y la consciencia, pero la amabilidad conmigo misma requiere mi atención constante. En la página web de la doctora Neff (www.compassion.org) puedes encontrar esta Escala de Autocompasión y mucha más información maravillosa.

Abrirse a la inspiración: Casi todos intentamos vivir una vida auténtica. En lo más profundo de nuestro ser queremos quitarnos la careta y ser reales e imperfectos. En la canción de Leonard Cohen «Anthem» hay un verso que me sirve de recordatorio cuando adopto esa actitud de intentar controlarlo todo y hacer que sea perfecto[6]. Ese verso dice: «There is a crack in everything. That's how the light gets in» [Todas las cosas tienen una grieta. Así es como entra la luz]. Somos muchos los que nos afanamos por rellenar las grietas intentando que todo esté bien. Este verso me ayuda a recordar la belleza de las grietas (y de la casa desordenada, y del manuscrito imperfecto, y de los vaqueros demasiado apretados); me recuerda que nuestras imperfecciones no son incompetencias, sino recordatorios de que todos estamos juntos en esto. De forma imperfecta, pero juntos.

Responder activamente: A veces me resulta útil despertarme por la mañana y decirme a mí misma: «Hoy voy a creer que hacer acto de presencia es suficiente».

¿Y cuál es tu forma de DAR más?

---

[5] Kristin D. Neff, «The Development and Validation of a Scale to Measure Self-Compassion», *Self and Identity* 2 (2003): 223-250.

[6] Leonard Cohen, «Anthem», *The Future*, 1992, Columbia Records.

CULTIVAR
UN ESPÍRITU RESILIENTE
Líbrate del entumecimiento y la impotencia

> No podía de ninguna manera darse la vuelta y embellecer algunos detalles. Lo único que podía hacer era avanzar y embellecer todo el conjunto.
>
> TERRI ST. CLOUD, *www.bonesigharts.com* [1]

LA RESILIENCIA —que es la habilidad para superar la adversidad— es un tema de estudio que, desde comienzos de los años setenta, ha ido adquiriendo cada vez mayor relevancia. En un mundo plagado de estrés y luchas, desde los psicólogos, los psiquiatras y los trabajadores sociales hasta los miembros del clero y los investigadores de justicia criminal deseamos saber por qué a algunas personas se les da mejor que a otras salir de la adversidad y cómo lo consiguen. Queremos comprender por qué algunos tienen una forma de afrontar el estrés y el trauma que les permite seguir adelante en la vida, y otros parecen resultar más afectados y se atascan.

Durante el proceso de recopilación y análisis de datos me di cuenta de que muchas de las personas a las que entrevistaba narraban historias de resiliencia. Escuché relatos de gente que cultivaba una vida de todo corazón a pesar de la adversidad; apren-

---

[1] Utilizado con el permiso de Terri St. Cloud.

dí que hay quienes consiguen mantenerse conscientes y auténticos aunque se encuentren sometidos a una gran tensión y ansiedad, y escuché a muchos describir de qué forma conseguían transformar el trauma en un crecimiento desde el corazón.

No me costó reconocer estas historias como relatos de resiliencia, porque en la época en que la investigación sobre la resiliencia se encontraba en pleno auge yo estaba en la facultad. Sabía que estas narraciones estaban muy relacionadas con lo que denominamos *factores de protección*, que son aquellas cosas que hacemos, tenemos y practicamos que nos dan impulso.

¿QUÉ ES LO QUE CONFORMA LA RESILIENCIA?

Según investigaciones recientes, estos son cinco de los factores más comunes entre la gente resiliente:

1. Cuentan con recursos y habilidades para solucionar problemas.
2. Son más proclives a buscar ayuda.
3. Están convencidos de que cuentan con la posibilidad de hacer algo que les ayude a gestionar sus sentimientos y a resistir.
4. Disponen de apoyo social.
5. Están conectados con otros, como familiares o amigos[2].

---

[2] Suniya S. Luthar, Dante Cicchetti y Bronwyn Becker, «The Construct of Resilience: A Critical Evaluation and Guidelines for Future Work», *Child Development* 71, núm. 3 (2000): 543-562; Suniya S. Luthar y Dante Cicchetti, «The Construct of Resilience: Implications for Interventions and Social Policies», *Development and Psychopathology* 12 (2000): 857-885; Christine E. Agaibi y John P. Wilson, «Trauma, PTSD, and Resilience: A Review of the Literature»,

Es evidente que, dependiendo de los distintos investigadores, se podrían apuntar otros factores, pero estos son los más importantes.

Al principio albergué la esperanza de que lo que observaba en mi investigación acerca de este tema me pudiera conducir a una conclusión muy directa —por ejemplo, que la resiliencia es un componente básico de la vida de todo corazón—, tal y como sucedió con los temas de los restantes hitos. Sin embargo, lo que estaba escuchando era más profundo. Las historias tenían más cosas en común, además de resiliencia. Todas ellas estaban relacionadas con el espíritu.

Según la gente a la que entrevisté, el auténtico cimiento de los «factores de protección» —las cosas que les permiten salir adelante— es su espiritualidad. Al hablar de espiritualidad no me estoy refiriendo a la religión ni a la teología, sino a una creencia compartida y muy arraigada. Basándome en las entrevistas, así es como la he definido:

> *La espiritualidad es el reconocimiento y la celebración de que estamos conectados unos con otros de un modo inextricable por un poder superior, y de que nuestra conexión mutua y con ese poder está basada en el amor y la compasión. La práctica de la espiritualidad aporta a nuestra vida un sentido de perspectiva, significado y propósito.*

En todos los casos la espiritualidad —esa creencia en la conexión, un poder superior y las interconexiones basadas en el amor y la compasión— afloraba como un componente de la resiliencia. La mayoría de las personas hablaban de Dios, pero no

Trauma, Violence, and Abuse 6, núm. 3 (2005): 195-216; Anthony D. Ong, C. S. Bergeman, Toni L. Bisconti y Kimberly A. Wallace, «Psychological Resilience, Positive Emotions, and Successful Adaptation to Stress in Later Life», _Journal of Personality and Social Psychology_ 91, núm. 4 (2006): 730-749.

todas. Algunas iban a la iglesia de vez en cuando; otras, no. Algunas rezaban mientras pescaban; otras, en templos, mezquitas o en casa. Algunas tenían dificultades con el concepto de la religión y otras eran miembros devotos de religiones organizadas. Lo único que todas tenían en común era la espiritualidad como base de su resiliencia.

A partir de esta base de espiritualidad, detecté otros tres patrones que resultaban esenciales para la resiliencia:

1. Cultivar la esperanza.
2. Practicar la consciencia crítica.
3. Dejar atrás el entumecimiento y no intentar suavizar la vulnerabilidad, la incomodidad ni el dolor.

Vamos a analizar cada uno de ellos por separado para ver de qué manera se conectan con la resiliencia y el espíritu:

ESPERANZA E IMPOTENCIA

Como investigadora, no se me ocurren otras dos palabras que hayan sufrido tantos malentendidos como *esperanza* y *poder*. En cuanto me di cuenta de que la esperanza es una pieza importante de la vida de todo corazón, empecé a buscar y descubrí el trabajo de C. R. Snyder, un antiguo investigador de la Universidad de Kansas, Lawrence (EE. UU.)[3]. Como le sucede a la mayoría de la gente, yo siempre había considerado la esperanza como una emoción, una cálida sensación de optimismo y posibilidad. Pero estaba equivocada.

---

[3] C. R. Snyder, *Psychology of Hope: You Can Get There from Here*, edición en rústica. Nueva York, Free Press, 2003; C. R. Snyder, «Hope Theory: Rainbows in the Mind», *Psychological Inquiry* 13, núm. 4 (2002): 249-275.

Me asombró descubrir que la esperanza *no* es una emoción, sino una forma de pensar o un proceso cognitivo. Las emociones cumplen un papel de apoyo, pero la esperanza es en realidad un proceso de pensamiento compuesto por lo que Snyder describe como una terna formada por las metas, las vías y los medios[4]. En términos muy sencillos, la esperanza se produce cuando:

- Tenemos la capacidad necesaria para establecer metas realistas *(sé adónde quiero ir)*.
- Somos capaces de descubrir cómo alcanzar esas metas que hemos establecido, una de las cuales es la habilidad de permanecer flexibles y de optar por rutas alternativas *(sé cómo llegar allí, soy perseverante y puedo tolerar la decepción e intentarlo de nuevo)*.
- Creemos en nosotros mismos *(¡puedo hacerlo!)*.

Por tanto, la esperanza se obtiene cuando se combinan estos tres factores: establecer las metas que deseamos alcanzar, tener la tenacidad y la perseverancia necesarias para perseguirlas y creer en nuestras propias capacidades.

Y, por si eso no fuese ya suficientemente bueno, he aquí algo más: ¡la esperanza se aprende! Snyder sugiere que aprendemos a pensar con esperanza y en pos de un objetivo a partir de lo que hacen otras personas. Los niños, por ejemplo, suelen aprender la esperanza de sus padres, y Snyder afirma que para ello necesitan que la relación que mantienen con sus progenitores se caracterice por tener unos límites bien establecidos y por ofrecer constancia y apoyo. A mí me resulta tremendamente estimulante saber

---

[4] C. R. Snyder, Kenneth A. Lehman, Ben Kluck y Yngve Monsson, «Hope for Rehabilitation and Vice Versa», *Rehabilitation Psychology* 51, núm. 2 (2006): 89-112; C. R. Snyder, «Hope Theory: Rainbows in the Mind», *Psychological Inquiry* 13, núm. 4 (2002): 249-275.

que tengo la capacidad de enseñar a mis niños a tener esperanza. No es algo que dependa del azar: es una decisión consciente.

Por añadir algo al trabajo de Snyder sobre la esperanza, en mi investigación he descubierto que los hombres y las mujeres que se describen como personas esperanzadas conceden un valor considerable a la constancia y al trabajo duro. La nueva creencia cultural de que todo debería ser *divertido, rápido y fácil* es incongruente con el pensamiento esperanzado, y también nos prepara para la desesperanza. Cuando experimentamos algo que resulta difícil y requiere un tiempo y un esfuerzo significativos, nos apresuramos a pensar: «Se suponía que esto era fácil; no merece la pena hacer el esfuerzo» o «Esto debería ser más fácil; si me resulta difícil y lento es porque no lo hago bien». Sin embargo, un diálogo interior esperanzado se parece más a «Esto es difícil, pero puedo conseguirlo».

Por otra parte, a aquellos que tengan tendencia a creer que todo lo que merece la pena debe implicar dolor y sufrimiento (como una servidora) les diré que también he aprendido que la idea de que *lo bueno nunca puede ser divertido, rápido ni fácil* es tan perjudicial para la esperanza como *lo bueno siempre es divertido, rápido y fácil*. Dadas mis habilidades para perseguir un objetivo y aferrarme a él hasta que se rinde de puro agotamiento, me dolió darme cuenta de esta realidad. Antes de llevar a cabo mi investigación creía que, a menos que hubiera sangre, sudor y lágrimas, nada era realmente importante. Una vez más, estaba equivocada.

Cuando comprendemos que algunas de las empresas que merecen la pena van a ser difíciles, van a consumir nuestro tiempo y no van a resultar divertidas en absoluto, desarrollamos un esquema mental de esperanza. Y esa esperanza también nos exige comprender que el hecho de que el proceso de alcanzar un objetivo resulte *divertido, rápido y fácil* no significa que tenga menos valor que otro difícil. Si queremos cultivar la esperanza, debemos estar dispuestos a ser flexibles y a demostrar perseverancia. No todos los objetivos tendrán un aspecto parecido ni nos producirán las mismas sensaciones. Así que tolerar la decepción, demostrar determinación y creer en uno mismo constituyen la esencia de la esperanza.

Como soy profesora e investigadora universitaria, paso mucho tiempo con docentes y personal escolar. En estos últimos dos años he notado con gran preocupación que estamos educando a unos niños con muy poca tolerancia a la decepción, que además se creen con derecho a todo. Y esa actitud difiere mucho de la diligencia. Creerse con derecho a todo es «Me merezco esto solo porque lo quiero», en tanto que la diligencia es «Sé que puedo hacer esto». La combinación de miedo a la decepción, creerse con derecho a todo y la presión por conseguir determinados resultados constituye una receta segura para la desesperanza y la duda en uno mismo.

La desesperanza es peligrosa, porque provoca sentimientos de impotencia. Tal como sucede con la palabra *esperanza*, a menudo consideramos que el *poder* es algo negativo, cuando en realidad no es así. Su mejor definición es la de Martin Luther King, que lo describía como la capacidad de producir cambios. Si cuestionas tu necesidad de poder, reflexiona sobre lo siguiente: *¿cómo te sientes cuando crees que eres incapaz de cambiar algo en tu vida?*

La impotencia es peligrosa. A casi todos, la incapacidad para producir cambios nos provoca un sentimiento de desesperanza. Por eso necesitamos resiliencia, esperanza y un espíritu capaz de hacernos superar la duda y el miedo. Si queremos vivir y amar de todo corazón, necesitamos creer que podemos cambiar.

PRACTICAR LA CONSCIENCIA CRÍTICA

Practicar la consciencia crítica significa comprobar la realidad de los mensajes y expectativas que alimentan a los duendecillos del «nunca eres suficiente». Desde que nos despertamos por la mañana hasta que volvemos a apoyar la cabeza sobre la almohada por la noche, los medios nos bombardean con mensajes y expectativas relacionados con todas y cada una de las facetas de nuestra vida. Los anuncios de las revistas y la televisión, las películas y la música, todo nos está señalando exactamente el aspecto que deberíamos tener, cuánto deberíamos pesar, con qué frecuencia deberíamos tener relaciones sexuales, cómo deberíamos educar a nuestros hijos, cómo tendríamos que decorar nuestra casa y qué coche deberíamos conducir. Resulta de lo más abrumador, y, en mi opinión, nadie es inmune a ello. Intentar evitar los mensajes de los medios de comunicación es como pretender contener la respiración para evitar la contaminación del aire: imposible

Confiar en lo que vemos con nuestros propios ojos es una característica que llevamos grabada en nuestros genes. Eso hace que vivir en un mundo cuidadosamente dirigido, elaborado y «photoshopeado» resulte muy peligroso. Si queremos cultivar un espíritu resiliente y no caer en la tentación de comparar nuestra vida ordinaria con imágenes prefabricadas, tenemos que aprender a verificar la realidad de lo que vemos. Tenemos que ser capaces de plantear y responder estas preguntas:

1. ¿Es real lo que estoy viendo? ¿Son imágenes que reflejan la vida real o una fantasía?
2. ¿Reflejan estas imágenes una vida saludable y de todo corazón, o en realidad intentan convertir mi vida, mi cuerpo, mi familia y mis relaciones en meros objetos y bienes de consumo?
3. ¿Quién se beneficia de que yo vea estas imágenes y me sienta mal conmigo misma? *Pista: Todo está SIEMPRE relacionado con el dinero o con el control.*

Además de ser esencial para la resiliencia, la práctica de una consciencia crítica es, de hecho, uno de los cuatro elementos de la resiliencia a la vergüenza. La vergüenza actúa como el zum de una cámara. Cuando sentimos vergüenza, la cámara activa el zum y lo único que vemos es nuestro yo defectuoso, solitario y en dificultades. Pensamos: «¿Soy la única que tiene lorzas en la cintura? ¿Soy la única que tiene una familia desordenada, que grita y que no se controla? ¿Soy la única que no practica el sexo 4,3 veces por semana (con un modelito de Calvin Klein)? Hay algo en mí que no va bien. Estoy sola».

Sin embargo, en cuanto desactivamos el zum empezamos a ver una imagen completamente distinta que nos confirma que son muchas las personas que luchan contra las mismas cosas. Y entonces, en lugar de pensar «Soy la única», empezamos a pensar: «¡No me lo puedo creer! ¿Tú también? ¿Soy normal? ¡Yo creía que era la única!». La visión global nos facilita comprobar cuánto hay de cierto en las cosas que disparan nuestra vergüenza y todos esos mensajes de que nunca somos suficientes.

En mi experiencia como profesora e investigadora de la vergüenza he descubierto en los trabajos de Jean Kilbourne y Jackson Katz una perspicacia y una sabiduría increíbles. Ambos investigan la relación de las imágenes de los medios de comunicación con los problemas reales de la sociedad, tales como la violencia, el abuso sexual infantil, la pornografía y la censura, la masculinidad y la soledad, los embarazos adolescentes, las adicciones y los trastornos alimentarios. Kilbourne explica: «La publicidad es una industria que genera más de doscientos mil millones de dólares al año. Estamos expuestos a más de tres mil anuncios cada día y, por sorprendente que parezca, casi todos creemos que no nos influyen. Pero esos anuncios venden mucho más que productos: venden valores, imágenes y conceptos de éxito y merecimiento, amor y sexualidad, popularidad y normalidad. Nos dicen quiénes somos y quiénes deberíamos ser. A veces incluso venden adicciones»[5]. Recomiendo fervientemente los DVD de Kilbourne y Katz, porque han cambiado mi forma de ver el mundo y de verme a mí misma. (El último DVD de Jean Kilbourne se llama *Killing Us Softly 4*[6], y el de Katz se titula *Tough Guise: Violence, Media and the Crisis in Masculinity*[7]).

Como mencioné anteriormente, la práctica de la espiritualidad aporta perspectiva, sentido y propósito a nuestra vida. Cuando permitimos que la cultura nos condicione a creer que no somos suficientes tal cual somos y que no ganamos lo suficiente ni tenemos lo suficiente, causamos un gran daño a nuestra alma. Por eso creo que la práctica de la consciencia crítica y la comprobación de la realidad están tan relacionadas con la espiritualidad como con el pensamiento crítico.

EVITAR ENTUMECER Y SUAVIZAR

Durante las entrevistas que realicé para mi investigación descubrí que a muchas personas les costaba sentirse suficientes. Mientras analizábamos su forma de encarar las emociones difíciles (la vergüenza, la aflicción, el miedo, la desesperación, la decepción y la tristeza), noté que una y otra vez hacían alusión a la necesidad de entumecer y suavizar aquellos sentimientos que les provocaban vulnerabilidad, incomodidad y dolor. De hecho, explicaban que de forma consciente adoptaban conductas que

---

[5] Jean Kilbourne, «Lecture Series: What Are Advertisers Really Selling Us?», http://jeankilbourne.com/?page_id=12.

[6] *Killing Us Softly 4: Advertising's Image of Women*, DVD, dirigido por Sut Jhally, Northampton, MA, Media Education Foundation, 2010.

[7] *Tough Guise: Violence, Media, and the Crisis in Masculinity*, DVD, dirigido por Sut Jhally, Northampton, MA, Media Education Foundation, 1999.

«anestesiaban» sus sentimientos o les ayudaban a evitar el dolor. Algunos reconocían plenamente que esa forma de proceder tenía un efecto entumecedor, en tanto que otros no parecían establecer dicha conexión. Sin embargo, cuando debatí la misma cuestión con los participantes que, en mi opinión, vivían una vida de todo corazón, en sus respuestas descubrí que constantemente *intentaban percibir sus sentimientos, tomar conciencia de las conductas entumecedoras y asumir la incomodidad de las emociones duras.*

Yo sabía que se trataba de un descubrimiento fundamental en mi investigación, por lo que dediqué varios cientos de entrevistas a procurar comprender mejor las consecuencias de entumecer los sentimientos y a descifrar asimismo de qué manera la práctica de restarles intensidad se relaciona con la adicción. He aquí lo que aprendí:

1. La mayoría de nosotros adoptamos (consciente o inconscientemente) conductas que nos ayudan a entumecer y suavizar la vulnerabilidad, el dolor y la incomodidad.
2. La adicción puede describirse como un hábito que de forma crónica y compulsiva entumece los sentimientos y suaviza su intensidad.
3. No podemos entumecer las emociones de forma selectiva. Cuando entumecemos las emociones dolorosas paralizamos también las positivas.

Las emociones más fuertes tienen puntas muy afiladas, como si fueran cuernos. Por eso cuando nos pinchan nos provocan incomodidad e incluso dolor, y la simple anticipación o el miedo a sentirlos pueden disparar en nosotros una vulnerabilidad intolerable. Sabemos que se acercan. Para muchos, la primera respuesta a la vulnerabilidad y el dolor de estas puntas afiladas no es adentrarse en la incomodidad para atravesarla sintiéndola plenamente, sino, más bien, hacer que desaparezca. Y lo conseguimos entumeciendo y suavizando la intensidad del dolor con cualquier cosa que nos proporcione un alivio rápido. Tenemos muchos recursos para entumecernos, como el alcohol, las drogas, la comida, el sexo, las relaciones, el dinero, el trabajo, el cuidado de otros, el juego, la ocupación constante, los líos amorosos, el caos, las compras, la planificación, el perfeccionismo, el cambio constante e Internet.

Antes de llevar a cabo esta investigación creía que solo era posible entumecer y restar intensidad a los sentimientos en el ámbito de las adicciones, pero he cambiado de opinión. Ahora creo que todo el mundo lo hace y que la adicción radica en practicar estos comportamientos de forma compulsiva y crónica. Aquellos hombres y mujeres de mi estudio a los que describiría como plenamente implicados en la vida de todo corazón no eran inmunes al entumecimiento. La diferencia fundamental parecía radicar en que ellos eran conscientes de los peligros de esta conducta y habían desarrollado la habilidad de vivir las experiencias de gran vulnerabilidad aceptando sus sentimientos.

Estoy convencida de que la genética y la neurobiología pueden desempeñar un papel fundamental en las adicciones, pero también creo que muchísimas personas deben luchar contra su tendencia a entumecer y suavizar sus sentimientos, porque el modelo de adicción relacionada con la enfermedad no se ajusta a sus experiencias con tanta precisión como un modelo que tenga en cuenta los procesos de entumecimiento. No todas las adicciones son iguales.

Cuando empecé mi investigación estaba muy familiarizada con las adicciones. Si has leído *Creía que solo me pasaba a mí* o sigues mi blog, es probable que sepas que llevo sin beber casi quince años. Siempre he hablado de mis experiencias con mucha honestidad, pero sobre este punto no he escrito en detalle, porque hasta que empecé a trabajar en esta nueva investigación sobre la vida de todo corazón no acababa de comprenderlo.

Ahora lo entiendo.

Mi confusión surgía del hecho de que jamás me he sentido completamente en sintonía con las personas que siguen un plan de rehabilitación. La abstinencia y los Doce Pasos son unos principios sólidos y profundamente importantes en mi vida, pero no todo lo relacionado con el movimiento de rehabilitación me sirve. Por ejemplo, sé que millones de personas deben su vida al poder de la frase:

—Hola, soy (tal y tal) y soy alcohólica.

Sin embargo, a mí nunca me ha servido. Aunque me siento agradecida por haber dejado de beber y estoy convencida de que eso ha cambiado radicalmente mi vida, el hecho de pronunciar esas palabras siempre me ha resultado desalentador y extrañamente insincero.

A menudo me preguntaba si el hecho de sentirme fuera de lugar no se debería a haber renunciado a tantas cosas al mismo tiempo. Mi primera madrina no conseguía averiguar qué tipo de reunión se ajustaría más a mis necesidades y se sentía perpleja ante mi enorme capacidad para dilucidar mis problemas sin tocar fondo (dejé de beber porque quería saber más de mi verdadero yo, y mi faceta de fiestera alocada me lo impedía). Una noche me miró cara a cara y me dijo:

—Tienes todo un surtido de adicciones, un poquito de cada una. Por precaución, lo mejor sería que dejaras de beber, de fumar, de comer por ansiedad y de meterte en los asuntos de tus parientes.

Recuerdo que la miré, tiré el tenedor sobre la mesa y dije:

—Estupendo. Supongo que dispondré de algo de tiempo libre para todas las reuniones.

Nunca encontré la reunión adecuada para mí. Dejé de beber y de fumar al día siguiente de terminar el máster y asistí a suficientes reuniones como para trabajar los Pasos y marcarme un año de sobriedad.

Ahora sé por qué.

Me he pasado casi toda la vida intentando adelantarme a la vulnerabilidad y a la incertidumbre. No me enseñaron las habilidades y la práctica emocional necesarias para afrontar la incomodidad, así que con el tiempo me convertí en una adicta a suavizar mis emociones. Pero para eso no hay reuniones. Tras unas cuantas experiencias aprendí que describir tu adicción en esos términos durante una reunión no es algo que les siente muy bien a los puristas.

En mi caso, lo que se me iba de las manos no eran los bailes, la cerveza fría y los Marlboro Lights de mi juventud, sino realmente el bizcocho de plátano, las patatas fritas con salsa de queso, el correo electrónico, el trabajo, la necesidad de estar siempre ocupada, las preocupaciones constantes, la planificación, el perfeccionismo y cualquier otra cosa capaz de amortiguar la terrible sensación de vulnerabilidad que mi ansiedad alimentaba.

Un par de amigas han respondido a mi «adicción a entumecer las emociones» con cierta preocupación por sus propios hábitos: «Yo bebo un par de vasos de vino cada noche; ¿es eso malo?», «Cuando estoy estresada o deprimida, me voy de compras», «Me salgo de mis casillas cuando no estoy siempre ocupada».

Después de años de investigación he llegado a la conclusión de que todos entumecemos e intentamos suavizar nuestras emociones. Lo importante es determinar si el hecho de _____ (comer, beber, gastar, jugar, salvar al mundo, estar todo el tiempo chismorreando, ser un perfeccionista, trabajar sesenta horas a la semana) nos impide alcanzar nuestra autenticidad, si no nos deja ser emocionalmente honestos, establecer límites y sentir que «ya basta». ¿Nos está impidiendo dejar de juzgar y sentirnos conectados? ¿Estamos usando _____ para escondernos o escapar de nuestra realidad?

Ver mis comportamientos y mis sentimientos a través de una lente de vulnerabilidad, y no estrictamente de adicción, cambió mi vida. También reforzó mi compromiso con la sobriedad, la abstinencia, la salud y la espiritualidad. Ahora soy capaz de afirmar con aplomo:

—Hola, me llamo Brené y hoy me gustaría manejar la vulnerabilidad y la incertidumbre con un buñuelo de manzana, una cerveza y un cigarrillo, y metida siete horas en Facebook.

Esto sí resulta incómodamente honesto.

CUANDO BLOQUEAMOS LA OSCURIDAD, BLOQUEAMOS LA LUZ

En otro descubrimiento de lo más inesperado, la investigación también me enseñó que el entumecimiento emocional selectivo no existe. Las emociones humanas cubren un espectro muy amplio, así que cuando bloqueamos la oscuridad, hacemos lo propio con la luz. Cuando «suavizaba» la intensidad del dolor y la vulnerabilidad también estaba amortiguando sin querer algunas sensaciones positivas, como la dicha. Volviendo la vista atrás, no soy capaz de recordar un descubrimiento que haya cambiado tanto mi vida cotidiana como este. Ahora puedo dejarme llevar por la dicha aunque me ponga tierna y vulnerable. De hecho, *espero* ponerme tierna y vulnerable.

La dicha es tan espinosa y afilada como cualquiera de las emociones oscuras. Querer a alguien con locura, creer en algo con todo el corazón, celebrar un instante fugaz, comprometerse a fondo con una vida sin garantías son riesgos que implican vulnerabilidad y, a menudo, dolor. Cuando perdemos nuestra tolerancia a la incomodidad, perdemos dicha. De hecho, las investigaciones sobre la adicción revelan que una experiencia intensamente positiva tiene tantas posibilidades de provocar una recaída como otra intensamente dolorosa[8].

No podemos hacer una lista de todas las emociones «malas» y decir: «Voy a bloquear estas», y luego hacer otra de las emociones positivas y decir: «¡En estas sí voy a implicarme a fondo!». Te puedes imaginar el círculo vicioso que se crea: como no experimentamos demasiado la dicha, carecemos de reservas a las que recurrir en los malos momentos, que entonces nos resultan aún más dolorosos, y por eso optamos por entumecernos. Como optamos por entumecernos, somos incapaces de experimentar la dicha, y así hasta el infinito.

En el próximo capítulo seguiremos analizando la dicha. De momento, como en mi vida han vuelto a aparecer las puntas afiladas, estoy aprendiendo que reconocer y aceptar el malestar de la vulnerabilidad nos enseña a vivir con dicha, gratitud y gracia. También estoy aprendiendo que adentrarnos en la incomodidad y en lo que nos asusta requiere ánimo y resiliencia.

Lo más difícil de todo lo que propongo en este capítulo queda reflejado en una pregunta que suelen plantearme con mucha frecuencia (especialmente mis colegas del mundillo académico): ¿la espiritualidad es un componente imprescindible de la resiliencia? La respuesta es *sí*.

---

[8] Gerard J. Connors, Stephen A. Maisto y William H. Zywiak, «Male and Female Alcoholics' Attributions Regarding the Onset and Termination of Relapses and the Maintenance of Abstinence», *Journal of Substance Abuse* 10, núm. 1 (1998): 27-42; G. Alan Marlatt y Dennis M. Donovan, *Relapse Prevention: Maintenance Strategies in the Treatment of Addictive Behaviors*, 2.ª ed., Nueva York: Guilford Press, 2007; Norman S. Miller y Mark S. Gold, «Dissociation of "Conscious Desire" (Craving) from and Relapse in Alcohol and Cocaine Dependence», *Annals of Clinical Psychology* 6, núm. 2 (1994): 99-106.

Los sentimientos de desesperanza, miedo, culpabilidad, dolor, malestar, vulnerabilidad y desconexión sabotean la resiliencia. La única experiencia que parece ser lo suficientemente amplia e intensa como para combatir una lista semejante es la creencia de que todos estamos implicados en esta historia y que algo superior a nosotros tiene la capacidad de aportar amor y compasión a nuestra vida.

No creo que en cuestiones de resiliencia exista una interpretación de la espiritualidad que destaque sobre las demás. No es cuestión de denominaciones ni de dogmas. La práctica de la espiritualidad es lo que nos sana y lo que crea resiliencia. En mi caso, la espiritualidad está relacionada con conectarme con Dios, y eso lo hago fundamentalmente a través de la naturaleza, la comunidad y la música. Todos debemos definir la espiritualidad de una forma que nos inspire.

Ya estemos superando una adversidad, sobreponiéndonos a un trauma o luchando contra el estrés y la ansiedad, contar con un propósito, un sentido y una perspectiva en la vida nos permite comprender mejor y seguir avanzando. Si carecemos de propósito, sentido y perspectiva, es fácil que perdamos la esperanza, bloqueemos nuestras emociones o acabemos abrumados por las circunstancias, porque nos sentiremos reducidos, menos capaces y perdidos frente a las dificultades. La esencia de la espiritualidad es la conexión. Cuando creemos en esa conexión inextricable no nos sentimos solos.

DAR MÁS

Deliberación: Una buena amiga escuchó esta fantástica forma de recordar nuestras intenciones en una reunión de los Doce Pasos. ¡Me entusiasma! Se denomina «comprobación de las vocales»: AEIOUY

A   =   ¿He guardado Abstinencia hoy? (La definas como la definas; a mí me cuesta un poco más cuando se refiere a cosas como la comida, el trabajo y el ordenador).

E   =   ¿He hecho Ejercicio hoy?

I   =   ¿Me estoy aferrando hoy a alguna emoción Inexpresada?

O   =   ¿Qué he hecho hoy en favor de Otros?

U   =   ¡Uau! ¿Qué me ha sucedido hoy de bueno?

Y   =   ¿Qué he hecho Yo hoy por mí?

Abrirse a la inspiración: He aquí una cita de la escritora e investigadora Elisabeth Kübler-Ross que me inspira: «Las personas son como las vidrieras: brillan y relucen cuando hay sol, pero al caer la oscuridad su belleza solo se revela si existe una luz interior». Estoy firmemente convencida de que la luz que distinguí en el interior de las personas resilientes a las que entrevisté era su espíritu. Me encanta la idea de estar «iluminados por dentro».

Responder activamente: Me entusiasman las meditaciones y oraciones diarias. A veces, lo mejor para ponerme en marcha es una plegaria silenciosa.

¿Y cuál es tu forma de DAR más?

CULTIVAR
LA GRATITUD Y LA DICHA
Líbrate de la sensación de no tener suficiente y del miedo a la oscuridad

YA HE MENCIONADO ANTERIORMENTE lo mucho que me sorprendí al comprobar cómo en la investigación algunos conceptos aparecían formando parejas o tríos. Estas «colecciones de conceptos» han hecho cambiar sustancialmente mi forma de ver la vida y las decisiones que tomo a diario.

Un buen ejemplo de ello es el vínculo entre amor y pertenencia. Ahora me doy cuenta de que, para sentir que pertenezco de verdad, tengo que poner sobre la mesa mi yo auténtico, y eso solo lo consigo amándome a mí misma. Durante años creí que era al revés: haré lo que haga falta para encajar, sentiré que me aceptan y de ese modo conseguiré gustarme más a mí misma. (El simple hecho de teclear estas palabras y de pensar cuántos años estuve viviendo con esa actitud me agota. ¡No es de extrañar que haya vivido cansada durante tanto tiempo!)

Además de enseñarme formas nuevas de reflexionar sobre cómo quiero vivir y amar, en muchos sentidos esta investigación me ha mostrado también la relación que existe entre mis experiencias y las decisiones que tomo. Uno de los cambios más profundos de mi vida se produjo cuando comprendí la relación entre gratitud y dicha. Siempre había creído que las personas dichosas eran personas agradecidas. ¿Por qué no iban a serlo?

Tienen un montón de cosas que agradecer. Sin embargo, tras pasar innumerables horas recopilando historias sobre la dicha y la gratitud, vi cómo afloraban tres patrones poderosos:

- Sin excepción, todas y cada una de las personas entrevistadas que describían su vida o a sí mismas como dichosas practicaban activamente la gratitud y atribuían su dicha a esa habilidad.
- Describían la dicha y la gratitud como prácticas espirituales ligadas a una creencia en la interconexión humana y en un poder superior.
- Todas ellas se apresuraban en señalar que la diferencia entre felicidad y dicha es la que existe entre una emoción humana conectada con las circunstancias y una forma espiritual de comprometerse con el mundo conectada con la práctica de la gratitud.

GRATITUD

En lo que a la gratitud se refiere, hubo una palabra que atrajo constantemente mi atención durante todo el proceso de investigación: *práctica*. Es posible que otros investigadores no se hubieran sentido tan desconcertados como yo. En mi caso, sin embargo, como estaba convencida de que el conocimiento era más importante que la práctica, consideré estas palabras como una llamada a la acción. De hecho, puedo afirmar que reconocer a regañadientes la importancia de la práctica fue lo que desencadenó mi «~~Colapso~~ Despertar Espiritual de 2007».

Durante años defendí la existencia de una «actitud de agradecimiento». Después he aprendido que una actitud es una orientación o una forma de pensar, y que «tener una actitud» no siempre se traduce en un comportamiento.

Por ejemplo, sería razonable afirmar que yo tengo una actitud orientada hacia el yoga. Los ideales y creencias que dirigen mi vida están en sintonía con las ideas y creencias que asocio con el yoga: valoro la consciencia, la respiración y la conexión entre cuerpo, mente y espíritu; incluso tengo ropa de yoga. Sin embargo, te aseguro que mi actitud y mi ropa de yoga no me sirven para nada si me pides que me coloque sobre la colchoneta y que haga el pino sobre la cabeza o adopte cualquiera de las posturas yóguicas. Hasta el momento de escribir estas líneas, jamás he practicado yoga. Tengo intención de empezar antes de que este libro llegue a tus manos, pero hasta ahora todavía no he puesto en práctica mi actitud. Por tanto, allí donde de verdad importa —es decir, en la colchoneta—, mi actitud en sintonía con el yoga no sirve de gran cosa.

¿Y cómo se practica la gratitud? Las personas que entrevisté hablaban de llevar diarios de gratitud, realizar meditaciones u oraciones cotidianas de gratitud, crear arte de gratitud e incluso hacer pausas en mitad de su vida activa y estresada para pronunciar en voz alta las palabras: «Estoy agradecido por _____». Está claro que, cuando de gratitud se trata, quienes viven la vida de todo corazón saben expresarla de muchas maneras.

Da la sensación de que la gratitud sin práctica se parece un poco a la fe sin obras: no está viva.

¿QUÉ ES LA DICHA?

En mi opinión, la dicha está un paso más allá de la felicidad. La felicidad es una especie de atmósfera en la que vives a veces, cuando tienes suerte. La dicha es una luz que te llena de esperanza, fe y amor.

ADELA ROGERS ST. JOHNS

La investigación me ha enseñado que la felicidad y la dicha son experiencias distintas. En las entrevistas la gente repetía frases del tipo: «Que me sienta agradecido y dichoso no significa que sea feliz todo el tiempo»; así que en varios casos decidí profundizar un poco más en esta clase de afirmaciones preguntando: «¿Cómo te sientes cuando estás dichoso y agradecido pero no feliz?». Las respuestas que me dieron fueron todas similares: la felicidad está ligada a las circunstancias, y la dicha, al espíritu y la gratitud.

También aprendí que ni la dicha ni la felicidad son constantes; nadie es feliz ni dichoso todo el tiempo; ambas experiencias van y vienen. La felicidad se vincula con las situaciones y los acontecimientos externos, y da la impresión de aumentar o disminuir según van cambiando esas circunstancias exteriores a nosotros. La dicha, por su parte, parece estar constantemente ligada a nuestro corazón a través del espíritu y la gratitud. El problema es que nuestras experiencias reales de dicha —esas ocasiones que nos provocan una intensa sensación de conexión espiritual y placer profundo— nos hacen sentir muy vulnerables.

Al observar esta distinción en los datos extraídos de la investigación, decidí revisar lo que otros investigadores habían escrito sobre la dicha y la felicidad. Me resultó muy interesante comprobar que la explicación que mejor parecía describir lo que yo había descubierto era la de una teóloga.

Anne Robertson, pastora metodista, escritora y directora ejecutiva de la Massachusetts Bible Society, explica que los orígenes griegos de las palabras *felicidad* y *dicha* siguen siendo muy significativos en la actualidad. En griego, «felicidad» se dice *makarios*. Este término se utilizaba para describir al rico al que no le afectaban las preocupaciones cotidianas, o bien para retratar a una persona que había tenido buena suerte, ya fuera porque había recibido dinero o porque gozaba de buena salud, por ejemplo. Robertson establece entonces una comparación entre este término y «dicha» —*chairo*—, un estado que los antiguos griegos definían como «la culminación de ser» y «el buen estado de ánimo del alma». Robertson explica: «Según nos cuentan los griegos, *chairo* es algo que solo encontramos en Dios y que llega acompañado de la virtud y de la sabiduría. No es una virtud propia de un principiante; la recibimos como una culminación. Afirman también que su contrario no es la tristeza, sino el miedo»[1].

Tanto la felicidad como la dicha son necesarias. En mi opinión, es importante que seamos capaces de crear y reconocer las experiencias que nos hacen felices. De hecho, soy una gran admiradora del libro de Gretchen Rubin *Objetivo: felicidad* y de las investigaciones de Tal Ben-Shahar y su libro *Happier*. Sin embargo, he aprendido que en la vida, además de crear felicidad, tenemos que cultivar las prácticas espirituales que nos conducen a la dicha, en especial la gratitud. Me gustaría poder experimentar más felicidad en mi vida, pero estoy decidida a *vivir* con gratitud y dicha. Para ello creo que yo y todos deberíamos analizar bien los factores que nos impiden alcanzarlas y que, hasta cierto punto, nos alejan también de la felicidad.

LA SENSACIÓN DE NO TENER LO SUFICIENTE Y EL MIEDO A LA OSCURIDAD

La primera vez que intenté escribir sobre lo que nos impide vivir con gratitud y dicha estaba sentada en el sofá del cuarto de

---

[1] Anne Robertson, «Joy or Happiness?», St. John's United Methodist Church, www.stjohnsdover.org/99adv3.html. Utilizado con el permiso de Anne Robertson.

estar de mi casa. Tenía el portátil a un lado y el cuaderno con las notas de la investigación en las manos. Estaba cansada, así que, en lugar de empezar a escribir, me pasé una hora entera contemplando las luces de Navidad que tengo sobre la entrada al comedor. Soy aficionadísima a esas lucecitas destellantes; considero que embellecen el mundo, así que en casa las dejo puestas todo el año.

Allí sentada, hojeando las historias y contemplando las lucecitas, saqué un bolígrafo y escribí:

> Las luces de Navidad son una metáfora perfecta de la dicha. La dicha no es constante. Nos llega en momentos concretos, a menudo en momentos ordinarios. A veces nos perdemos sus destellos porque estamos demasiado ocupados buscando momentos extraordinarios. En otras ocasiones tenemos tanto miedo a la oscuridad que no nos atrevemos a disfrutar de la luz.
>
> Una vida dichosa no supone estar siempre inundados de dicha; con el tiempo llegaría a ser insoportable.
>
> Yo creo que una vida dichosa está compuesta por momentos dichosos engarzados entre sí a través de la confianza, la gratitud, la inspiración y la fe.

Aquellos que seguís mi blog reconoceréis en estas palabras el mantra de las publicaciones de gratitud de los viernes que titulo TGIF [*Trusting, Grateful, Inspires, Faith*]*. Me he hecho una chapita para la solapa con este lema, y una de mis formas de practicar la gratitud consiste en publicar semanalmente una en-

---

* *Trusting* significa «confiado», *Grateful* significa «agradecido», *Inspires* significa «inspira» y *Faith* significa «fe». Hace alusión también a un famoso acróstico, TGIF (Thank God it's Friday), que significa «gracias a Dios, ya es viernes». (*N. de la T.*)

trada en la que revelo en qué *Confío*, por qué me siento *Agradecida*, qué me *Inspira* y de qué manera estoy practicando la *Fe* en esos momentos. Me resulta increíblemente estimulante leer los comentarios que me envía la gente.

La dicha y la gratitud pueden ser experiencias muy intensas que nos hacen sentir de lo más vulnerables. Por lo general, nuestro grado de ansiedad suele ser elevado, y muchos de nosotros toleramos muy mal la vulnerabilidad. Esa es la razón por la que la ansiedad y el miedo a que nos hagan daño pueden manifestarse como una sensación de no tener lo suficiente. Pensamos:

- *No voy a permitirme sentir esta dicha, porque sé que no va a durar.*
- *Reconocer lo agradecida que estoy sería invitar al desastre.*
- *Más vale no estar alegre, no vaya a ser que surja algún imprevisto que me agüe la fiesta.*

El miedo a la oscuridad

Siempre he sido propensa a angustiarme y a preocuparme, pero desde que soy madre, la gestión de la dicha, la gratitud y la sensación de no tener lo suficiente ocupa todo mi tiempo. Durante años, el miedo a que algo terrible les sucediera a mis hijos me impidió aceptar plenamente la dicha y la gratitud que siento por tenerlos. Cada vez que estaba a punto de dejarme llevar por la dicha inmensa que me aportan y lo mucho que los quiero, me venía a la mente la idea de que algo terrible les sucedía. Me imaginaba que lo perdía todo en un instante.

Al principio pensé que estaba loca. ¿Era algo que solo me pasaba a mí? Cuando mi terapeuta y yo empezamos a trabajar sobre el tema, me di cuenta de que la sensación de que aquello era «demasiado bueno para ser verdad» estaba totalmente relacionada con el miedo, con la impresión de no tener lo suficiente y con la vulnerabilidad. Como sabía que esas emociones eran universales, reuní el coraje suficiente para compartir mis vivencias con un grupo de quinientos padres que acudieron a escuchar una de mis conferencias sobre educación, y a modo de ejemplo les planteé una escena muy familiar para mí: que mi corazón rebosaba gratitud mientras contemplaba a mi hija dormir, pero que de pronto toda esa dicha y esa gratitud quedaban desgarradas frente a la imagen de que a la niña le sucedía algo malo.

Se habría podido oír el vuelo de una mosca. Pensé: «Dios mío. Estoy loca y ahora todos los que están ahí sentados pensarán: "Esta mujer está como una cabra. ¡Quiero salir de aquí!"». De repente, oí que una mujer que estaba sentada en la parte de atrás rompía a llorar. No era que se sonara la nariz; estaba sollozando. Tras aquel sonido se oyó una exclamación procedente de las primeras filas:

—¡Exacto! ¿Por qué lo hacemos? ¿Qué significa?

El auditorio explotó en una especie de loco despertar paternal. Tal como había sospechado, no era la única a la que le sucedía.

Casi todos sabemos lo que significa estar al borde de la dicha y, de repente, percibir que la vulnerabilidad nos abruma y el miedo nos paraliza. Mientras no seamos capaces de tolerar la vulnerabilidad y transformarla en gratitud, lo más habitual será que nuestros intensos sentimientos de amor lleven aparejado el miedo a la pérdida. Si tuviera que resumir lo que he aprendido acerca del miedo y la dicha, esto es lo que diría:

> *La oscuridad no destruye la luz; la define. Es nuestro miedo a la oscuridad lo que hunde nuestra dicha en un pozo de sombras.*

La sensación de no tener lo suficiente

Vivimos tiempos de preocupación y temor, y ambas cosas nos producen la sensación de no tener lo suficiente. Tememos perder lo que más amamos, y detestamos no contar con ninguna garantía de que no vaya a ser así. Creemos que si no nos sentimos agradecidos ni dichosos, sufriremos menos; suponemos que si nos adelantamos a la vulnerabilidad imaginando las pérdidas, sufriremos menos. Pero nos equivocamos. Solo una cosa es segura: si no practicamos la gratitud ni nos permitimos conocer la dicha, nos estamos perdiendo las dos cosas que nos pueden sostener durante esos malos tiempos que llegarán de forma inevitable.

Lo que he descrito es la sensación de falta de seguridad y de incertidumbre. Pero hay otros tipos de insuficiencia. Mi amiga Lynne Twist ha escrito un libro increíble, titulado *The Soul of Money*, en el que aborda el mito de no tener lo suficiente. Escribe:

> En mi caso, y en el de muchos otros, mi primer pensamiento al despertar cada mañana es: «No he dormido lo suficiente». Y el siguiente es: «No tengo suficiente tiempo». Sea verdad o no, ese pensamiento de *no tener lo suficiente* surge de forma automática antes de que podamos cuestionarlo o examinarlo. Nos pasamos la mayor parte de las horas y los días de nuestra vida escuchando, explicando, quejándonos o preocupándonos por todo aquello que creemos no tener en la medida suficiente. No hacemos suficiente ejercicio. No tenemos suficiente trabajo. No ganamos lo suficiente. No tenemos suficiente poder. No estamos lo suficiente en contacto con la naturaleza. No tenemos suficientes fines de semana. Y, evidentemente, no tenemos suficiente dinero… jamás.

No estamos suficientemente delgados, no somos suficientemente inteligentes, no somos suficientemente guapos, ni estamos suficientemente en forma, ni suficientemente educados, ni tenemos suficiente éxito, ni somos suficientemente ricos... nunca. Antes incluso de incorporarnos en la cama, antes de apoyar los pies en el suelo, ya nos sentimos insuficientes, ya estamos rezagados, ya estamos perdiendo, ya nos falta algo. Y cuando llega el momento de acostarnos, nuestras mentes recorren una letanía de lo que no hemos conseguido tener o hacer durante el día. Nos dormimos abrumados por esos pensamientos y nos despertamos con la imagen de la insuficiencia. Lo que empieza como una simple expresión de la vida acelerada, o incluso de la vida complicada, crece hasta convertirse en la gran justificación de una vida insatisfecha [2].

Al leer estos párrafos entiendo perfectamente por qué somos una civilización hambrienta de dicha: porque no sentimos un apetito voraz de gratitud. Lynne afirma que afrontar la sensación de no tener lo suficiente no significa buscar la abundancia, sino más bien adoptar un esquema mental de suficiencia:

Cada uno de nosotros tiene la posibilidad, en cualquier situación, de dar un paso atrás y abandonar el esquema mental del «no es suficiente»; y lo maravilloso de tomar esta decisión es que en cuanto nos libramos de la sensación de que nos falta siempre algo descubrimos la sorprendente verdad de la suficiencia. Claro que con este

---

[2] Lynne Twist, *The Soul of Money: Transforming Your Relationship with Money and Life*, Nueva York, W. W. Norton and Company, 2003, 44.

término no me estoy refiriendo a una cantidad de algo; la suficiencia no implica estar dos pasos por encima de la pobreza y uno por debajo de la abundancia, ni tampoco ser apenas suficiente o más que suficiente. La suficiencia no es una cantidad; es una experiencia, un contexto que generamos nosotros, una declaración; saber que hay suficiente y que nosotros somos también suficientes tal cual somos.

La suficiencia reside dentro de cada uno de nosotros y tenemos la posibilidad de sacarla a la luz. Es una consciencia, una atención, una elección intencionada de nuestra forma de considerar las circunstancias[3].

La sensación de no tener lo suficiente es también un gran alimento para los duendecillos del cerebro. En mi investigación anterior sobre la vergüenza, y en esta más reciente, me he dado cuenta de que muchos de nosotros hemos asumido la idea de que, para que algo pueda aportarnos dicha, tiene que ser extraordinario. En *Creía que solo me pasaba a mí* explico:

Da la sensación de que medimos el valor de las aportaciones de la gente (y, en ocasiones, el valor de toda su vida) según su grado de reconocimiento público. En otras palabras, la valía personal se mide por la fama y la fortuna de la que goza esa persona. Nuestra cultura rechaza rápidamente a los hombres y mujeres tranquilos, corrientes, trabajadores. En muchos casos equiparamos *corriente* con *aburrido* o, lo que tiene aún más peligro, lo convertimos en sinónimo de *carente de significado*[4].

---

[3] Ibíd., 75.

[4] Brené Brown, *Creía que solo me pasaba a mí (pero no es así): La verdad acerca del perfeccionismo, la ineptitud y el poder*, Madrid, Ediciones Gaia, 2013.

Creo que donde más he aprendido acerca del valor de lo corriente ha sido en las entrevistas a hombres y mujeres que han experimentado pérdidas tremendas, como la muerte de un hijo, una situación de violencia, un genocidio o un gran trauma. Los recuerdos que todos ellos consideraban más sagrados estaban relacionados con momentos corrientes, cotidianos. Era evidente que aquellos preciosísimos recuerdos se habían forjado a partir de un conjunto de situaciones de lo más comunes, así que, precisamente por esa razón, lo que estas personas deseaban era que todo el mundo fuera capaz de hacer un alto en su vida para dar las gracias por todos esos momentos corrientes y la dicha que proporcionan. La escritora y líder espiritual Marianne Williamson afirma: «La dicha es lo que sentimos cuando nos permitimos reconocer lo buenas que son las cosas en realidad».

DAR MÁS

Deliberación: Cuando siento que me inundan el miedo y la sensación de no tener lo suficiente, intento sacar a relucir la dicha y la suficiencia reconociendo el miedo y transformándolo luego en gratitud. Digo en voz alta: «Me siento vulnerable. No pasa nada. Estoy muy agradecida por _____ ». Con este sistema he conseguido aumentar enormemente mi capacidad para experimentar la dicha.

Abrirse a la inspiración: Lo que me inspira muchísimo es la dosis diaria de dicha que obtengo de los momentos corrientes, como volver andando del colegio con mis hijos, saltar desde el trampolín o compartir las comidas familiares. El hecho de reconocer que estos momentos constituyen realmente lo más importante de la vida ha cambiado mi forma de ver el trabajo, la familia y el éxito.

Responder activamente: Desde turnarnos para dar las gracias a la hora de bendecir la mesa hasta emprender proyectos más creativos, como hacer una vasija para guardar las notas de agradecimiento, en mi familia hemos convertido la vida de todo corazón en algo en lo que todos participamos.

¿Y cuál es tu forma de DAR más?

Cultivar la intuición y confiar en la fe

Líbrate de la necesidad de certidumbre

Todo lo relacionado con este proceso de investigación ha trastocado mis esquemas como nunca imaginé, especialmente en lo relativo a la fe, la intuición y la espiritualidad. Cuando la importancia de la intuición y la fe surgió por primera vez como un patrón clave de la vida de todo corazón, me estremecí un poco. Me parecía, una vez más, que mis buenas amigas la lógica y la razón estaban siendo atacadas. Recuerdo que le dije a Steve:

—¡Y ahora la intuición y la fe! ¿Puedes creértelo?

—Me extraña bastante que te sorprendas —respondió—. Tú siempre sales adelante apoyándote en la fe y en tus impulsos viscerales.

El comentario me pilló con la guardia baja.

Me senté a su lado y le dije:

—Sí, ya sé que soy una chica de impulsos y de fe, pero no me considero demasiado intuitiva. Lee esta definición del diccionario: «Intuición es la percepción directa de la verdad o de los hechos, con independencia de cualquier proceso de razonamiento»[1].

Steve soltó una risita.

—Vale, puede que la definición no concuerde con lo que los

---

[1] «Intuition», www.Dictionary.com (17 de febrero de 2010).

datos te están enseñando, pero escribirás una nueva. No sería la primera vez.

Pasé un año centrada en la intuición y la fe. Hice entrevistas y recogí historias que me pudieran ayudar a entender con la cabeza y con el corazón lo que significa cultivar la intuición y confiar en la fe. Y me sorprendió lo que aprendí.

INTUICIÓN

La intuición no es independiente de los procesos de razonamiento. De hecho, los psicólogos creen que es un proceso de asociación rápido e inconsciente, como un rompecabezas mental[2]. El cerebro hace una observación, analiza su contenido y lo compara con los recuerdos, conocimientos y experiencias que ya posee. Y cuando reúne varias comparaciones, nos ofrece un «conocimiento visceral» de lo observado.

En algunas ocasiones, nuestra intuición o visceralidad nos informa de lo que debemos saber; en otras, nos orienta a buscar hechos y a razonar. La intuición puede ser la callada voz interior; pero no se trata de una voz que se limite a un único mensaje. A veces nos susurra: «Sigue tus instintos», y otras nos grita: «Esto debes comprobarlo; ¡no tenemos suficiente información!».

En la investigación descubrí que lo que acalla nuestra voz intuitiva es nuestra necesidad de certidumbre. A casi nadie se le da bien no saber. Nos gustan tanto las cosas seguras y las garantías que no prestamos atención a los resultados del proceso de comparación que lleva a cabo nuestro cerebro.

---

[2] David G. Myers, *Intuition: Its Powers and Perils*, New Haven, CT, Yale University Press, 2002; Gerd Gigerenzer, *Decisiones instintivas*, Barcelona, Ariel, 2008.

Por ejemplo, cuando sentimos un fuerte instinto interior, en lugar de respetarlo nos asustamos y buscamos confirmación en los demás:

- ¿A ti qué te parece?
- ¿Tú crees que debería hacerlo?
- ¿Te parece una buena idea o crees que me arrepentiré?
- ¿Tú qué harías?

Una respuesta típica a estas preguntas de sondeo es: «No sé muy bien lo que deberías hacer. ¿Qué te dice tu instinto?».

Ahí lo tenemos. *¿Qué te dice tu instinto?*

Sacudimos la cabeza y decimos: «No estoy segura», cuando la respuesta real es: «No tengo ni idea de lo que me dice mi instinto; llevamos años sin hablarnos».

La razón más habitual por la que empezamos a sondear opiniones es que desconfiamos de lo que sabemos; nos parece demasiado inestable e incierto, así que buscamos confirmaciones y personas con las que podamos compartir la culpa si las cosas no salen como debieran. Lo sé muy bien. Soy una sondeadora profesional y a veces me cuesta muchísimo no poder contar con el consejo de otros. Cuando tengo que tomar una decisión difícil y me siento desconectada de mi intuición, tiendo a encuestar a todos los que me rodean. Lo paradójico del caso es que, desde que realicé esta investigación, el sondeo se ha convertido en una especie de bandera roja que me avisa de que me estoy sintiendo vulnerable a la hora de tomar una determinada decisión.

Como ya he mencionado, cuando aprendemos a confiar en nuestra intuición esta puede indicarnos incluso que nos está fallando el instinto sobre algo y que necesitamos más datos. Otro ejemplo de cómo la necesidad de certidumbre sabotea a la intuición se materializa cuando ignoramos el aviso instintivo de ir más despacio, de recopilar más información o de comprobar nuestras expectativas con la realidad:

- Lo voy a hacer de todas formas. Me importa un rábano lo que pase.
- Estoy cansada de pensar en ello. Me provoca demasiada tensión.
- Prefiero hacerlo y no esperar ni un segundo más.
- No soporto no saber.

Cuando nos lanzamos de cabeza a tomar decisiones importantes, quizá se deba a que no queremos saber las respuestas que surgirán si hacemos las diligencias pertinentes. Sabemos que la búsqueda de datos puede alejarnos de lo que creemos desear.

Yo siempre me digo a mí misma: «Si me da miedo cotejar las cifras o ponerlo por escrito, es que no debería hacerlo». Cuando lo único que queremos es tomar la decisión de una vez por todas, deberíamos preguntarnos si lo que no soportamos en realidad es la sensación de vulnerabilidad que nos embargaría si nos quedáramos quietos el tiempo suficiente para pensar bien las cosas y tomar una decisión consciente.

Por tanto, como ves, la intuición no siempre significa acceder a las respuestas interiores. A veces, cuando buscamos en nuestra sabiduría interior, esta nos dice que no sabemos lo suficiente como para tomar una decisión sin más datos. He aquí la definición que he elaborado a partir de la investigación:

> *La intuición no es una forma única de saber; es nuestra habilidad para dejar espacio a la incertidumbre y a nuestra voluntad de confiar en las muchas formas en que hemos desarrollado el conocimiento y el discernimiento, que incluyen el instinto, la experiencia, la fe y la razón.*

FE

Me he dado cuenta de que la fe y la razón no son enemigas naturales. Los factores que las han enfrentado de una forma casi temeraria son nuestra necesidad humana de certidumbre y de «tener razón». Nos obligamos a elegir y a defender una forma de conocer el mundo a expensas de la otra.

Entiendo que la fe y la razón puedan chocar y provocar tensiones desagradables; de hecho, las noto en mi propia vida y me afectan en lo más profundo de mi ser. Sin embargo, este trabajo me ha obligado a ver que la mayor parte de los conflictos y las preocupaciones surgen de nuestro miedo a lo desconocido y a estar equivocados. Necesitamos tanto la fe como la razón para entender el significado de un mundo incierto.

En las entrevistas que he hecho a esos hombres y mujeres que viven la vida de todo corazón han sido innumerables las veces que he oído las expresiones *tener fe* y *mi fe*. Al principio creí que la fe significaba que «todo sucede por algo», y me opuse personalmente a ello, porque no me siento cómoda utilizando a Dios, la fe o la espiritualidad para explicar las tragedias. Me parece que cuando alguien dice: «todo sucede por algo», es como si estuviera reemplazando la fe por la certeza.

Sin embargo, al hablar con esta gente, pronto aprendí que para ellos la fe significaba algo distinto. He aquí cómo la defino basándome en las entrevistas de la investigación:

> *La fe es algo misterioso donde podemos encontrar el coraje de creer en lo que no podemos ver y la fuerza para librarnos de nuestro miedo a la incertidumbre.*

También aprendí que no son siempre los científicos los que tienen dificultades con la fe, ni los religiosos quienes aceptan plenamente la incertidumbre. Muchas formas de fundamentalismo y extremismo están basadas en haber elegido la certidumbre en lugar de la fe.

Me encanta esta reflexión del teólogo Richard Rohr: «Mis amigos científicos han descubierto cosas como los "principios de incertidumbre" y los agujeros negros. Están deseosos de moverse dentro de hipótesis y teorías imaginadas. Sin embargo, muchas personas religiosas insistimos en ciertas *respuestas* que son *siempre* verdaderas. ¡Nos encanta cerrar cuestiones pendientes, ser resolutivos y actuar con claridad, a la vez que seguimos considerándonos gente de *fe!* Qué curioso que la palabra *fe* haya llegado a definir exactamente el concepto contrario»[3].

La fe es esencial cuando decidimos vivir y amar con todo nuestro corazón en un mundo en el que casi todos buscamos la seguridad, antes que arriesgarnos a ser vulnerables y que nos hagan daño. Decir «voy a implicarme de todo corazón en mi vida» requiere creer sin ver.

DAR MÁS

Deliberación: Desechar la certidumbre es uno de mis mayores desafíos. Tengo hasta una respuesta física al «no saber»: una mezcla de ansiedad, miedo y vulnerabilidad. Es en esos momentos cuando tengo que quedarme muy callada y quieta. Con mis hijos y mi trabajo, eso puede significar tener que esconderme en el garaje o dar una vuelta a la manzana con el coche. De la forma que sea, necesito encontrar la manera de quedarme quieta para poder escuchar lo que me estoy diciendo.

---

[3] Richard Rohr, «Utterly Humbled by Mystery», publicado el 18 de diciembre de 2006, National Public Radio, ciclo *This I Believe*, http://www.npr.org/templates/story/story.php?storyId=6631954 (15 de febrero de 2010).

Abrirse a la inspiración: La reafirmación de mi vida espiritual y de fe no fue fácil (de ahí el «~~Colapso~~ Despertar Espiritual de 2007»). Hay una cita que me abrió el corazón de par en par. Procede de un libro de Anne Lamott, y dice así: «Lo contrario de la fe no es la duda, sino la certeza»[4]. Sus libros sobre la fe y la gracia me resultan muy inspiradores[5]. También me inspiran *When the Heart Waits*, de Sue Monk Kidd[6], y *Comfortable with Uncertainty*, de Pema Chödrön[7]; les estoy muy agradecida porque me salvaron. Y por último, me entusiasma esta cita de *El alquimista*, de Paulo Coelho: «[...] la intuición es, en realidad, una inmersión repentina del alma en la corriente universal de la vida, donde se conectan las historias de todas las personas y somos capaces de saberlo todo, porque todo está escrito allí»[8].

Responder activamente: Cuando me siento realmente asustada o insegura, necesito algo que calme inmediatamente mis ansias de certidumbre. Y lo consigo gracias a la Plegaria de la Serenidad: «Señor, concédeme serenidad para aceptar las cosas que no puedo cambiar, coraje para cambiar las cosas que puedo cambiar y sabiduría para poder distinguirlas». ¡Amén!

¿Y cuál es tu forma de DAR más?

---

[4] Anne Lamott, *Plan B: Further Thoughts on Faith*, ed. rústica, Nueva York, Penguin Group, Riverhead Books, 2006, 256-257.

[5] Anne Lamott, *Pájaro a pájaro*, Madrid, Ilustrae, 2009; Anne Lamott, *Grace (Eventually): Thoughts on Faith*, ed. rústica, Nueva York, Penguin Group, Riverhead Books, 2008.

[6] Sue Monk Kidd, *When the Heart Waits: Spiritual Direction for Life's Sacred Questions*, Nueva York, HarperCollins, HarperOne, 2006.

[7] Pema Chödrön, *Comfortable with Uncertainty: 108 Teachings on Cultivating Fearlessness and Compassion*, edición de bolsillo, Boston, MA, Shambhala Publications, 2008.

[8] Paulo Coelho, *El alquimista*, Barcelona, Planeta, 2008.

CULTIVAR

LA CREATIVIDAD

Líbrate de las comparaciones

ALGUNOS DE MIS MEJORES RECUERDOS infantiles están relacionados con la creatividad, y casi todos ellos se remontan a los años que vivimos en Nueva Orleans, en un original dúplex de estuco color rosa, a un par de manzanas de la Universidad de Tulane. Recuerdo que mi madre y yo pasábamos horas pintando llaveros de madera con forma de tortugas y caracoles, y que con mis amigas hacíamos trabajos manuales con lentejuelas y fieltro.

Puedo ver con nitidez a mi madre y a sus amigas, con sus pantalones acampanados, volviendo a casa desde el mercado del barrio francés para preparar chayotes rellenos y otros platos deliciosos. Me fascinaba de tal manera ayudarla en la cocina que una tarde de domingo mis padres me dejaron guisar sola. Me dijeron que podía hacer lo que quisiera con cualquier ingrediente que me apeteciera.

Preparé galletas de avena y pasas… con especias para marisco en lugar de canela, así que toda la casa apestó durante varios días.

A mi madre también le encantaba coser, y hacía vestidos sueltos a juego para ella y para mí (y también para mi muñeca, que tenía su propio vestidito igual). Me resulta muy curioso que todos estos recuerdos relacionados con la creatividad me parezcan tan reales y gráficos; casi puedo sentirlos y olerlos. Además, están cargados de ternura.

Por desgracia, los recuerdos creativos de mi vida solo alcanzan hasta cuando tenía ocho o nueve años; no tengo ni uno solo de este tipo posterior a quinto curso. Fue la época en la que nos mudamos de nuestra casita del Garden District a otra enorme en un extenso barrio periférico de Houston. Todo cambió. En Nueva Orleans, cada pared de la casa estaba llena de trabajos de artesanía de mi madre, de algún pariente o de nosotros, los niños, y en cada ventana colgaban cortinas hechas en casa. Es posible que las labores artesanas y las cortinas se debieran a la necesidad, pero por lo que recuerdo, eran preciosas.

En Houston, cuando entraba en las casas de algunos de mis vecinos me parecía que su sala de estar era como el vestíbulo de un hotel de lujo; me acuerdo con nitidez que en aquel momento pensaba: «Como un Howard Johnson o un Holiday Inn». Tenían cortinas largas y pesadas, enormes sofás con sillas a juego y relucientes mesas de cristal. Había enredaderas de plástico colgando estratégicamente de la parte superior de los armarios y cestas de flores secas decorando las mesas. Lo más curioso era que todas las entradas tenían el mismo aspecto.

Pero así como todas las casas eran iguales y elegantes, el colegio era otra historia. En Nueva Orleans iba a un colegio católico y todo el mundo vestía igual, rezaba lo mismo y, en general, actuaba de la misma forma. En Houston fui a un colegio público, lo que significaba que ya no había uniforme. En aquel colegio nuevo la ropa bonita era importante. Y nada de ropa bonita hecha en casa, sino «de tienda».

En Nueva Orleans, mi padre trabajaba de día y estudiaba Derecho en Loyola por la noche. Nuestra vida tenía siempre un toque informal y divertido. Pero cuando nos mudamos a Houston, se arreglaba cada mañana y se iba a trabajar a una empresa petrolera y de gas, junto con todos los demás padres del vecindario. Las cosas cambiaron y, en muchos sentidos, aquella mudanza supuso un giro radical para nuestra familia. Mis padres se vieron inmersos en la corriente de «los logros y las adquisiciones», y la creatividad dio paso a esa combinación asfixiante de encajar y ser mejor que los demás, también conocida como comparación.

La comparación tiene que ver con la conformidad y la competición. Al principio puede dar la sensación de que conformarse y competir se excluyen mutuamente, pero no es así. Cuando comparamos, queremos ver quién o qué es mejor en un conjunto específico de «cosas parecidas». Podemos comparar aspectos como nuestra forma de educar frente a la de unos padres que tienen valores o tradiciones completamente distintos de los nuestros, pero las comparaciones que de verdad nos perturban son las que hacemos con la gente que vive en la casa de al lado, o que está en el equipo de fútbol de nuestro hijo, o que estudia en nuestro colegio. No comparamos nuestra casa con las mansiones de la otra punta de la ciudad; comparamos nuestro patio con los patios de nuestra manzana. Cuando comparamos, queremos ser los mejores o tener lo mejor del grupo.

El mandato de la comparación se convierte en la aplastante paradoja de «encajar y destacar». No se trata de cultivar la autoaceptación, la pertenencia y la autenticidad; lo único que se pretende es ser como todos los demás, pero mejor.

Cuando tenemos que emplear enormes cantidades de energía en conformarnos y competir, es fácil entender lo complicado que resulta dejar tiempo para cosas importantes, como la creatividad, la gratitud, la dicha y la autenticidad. Ahora comprendo por qué mi querida amiga Laura Williams dice siempre: «La comparación es el ladrón de la felicidad».

Ni te imaginas la cantidad de veces que me siento de maravilla conmigo misma, con mi vida y mi familia, y de repente, en una décima de segundo, todo se viene abajo porque, consciente o inconscientemente, empiezo a compararme con otras personas.

En mi caso, cuanto mayor me iba haciendo menos valoraba la creatividad y menos tiempo pasaba creando. Cuando me preguntaban si me gustaban los trabajos manuales, el arte o la creación, me limitaba a repetir el cliché de «No soy una persona creativa». Pero por dentro, lo que de verdad pensaba era: «¿Quién tiene tiempo de pintar o de hacer cuadernos de recortes o fotografías cuando hay que dedicarse de pleno al trabajo *real* de conseguir cosas y alcanzar objetivos?».

Para cuando cumplí los cuarenta y me encontraba ya trabajando en esta investigación, mi falta de interés por la creatividad se había convertido en desdén. No estoy segura de si debería calificar mis sentimientos hacia la creatividad como estereotipos negativos, disparadores de la vergüenza o una combinación de ambos, pero había llegado a un punto en el que pensaba que crear por crear era, en el mejor de los casos, autocomplaciente, y en el peor, extravagante.

Claro que sé, profesionalmente hablando, que cuanto más nos encastillamos y nos oponemos a algún tema, más deberíamos investigar esa forma nuestra de responder. Al volver la vista atrás con una mentalidad diferente, me da la sensación de que abordar lo mucho que echaba de menos aquella parte de mi vida habría resultado demasiado confuso o doloroso.

Nunca creí que me fuera a topar con algo suficientemente intenso como para sacarme de mis cerradas ideas sobre la creatividad. Fue entonces cuando empezó esta investigación…

Voy a resumir lo que he aprendido sobre la creatividad de los que viven y aman de todo corazón:

1. La postura del «no soy creativo» no sirve. No hay gente creativa y gente no creativa: solo hay gente que utiliza su

creatividad y gente que no la utiliza. La creatividad que no se usa no se volatiliza; vive en nuestro interior hasta que la expresamos, la descuidamos hasta matarla o la sofocamos por resentimiento y miedo.

2. La única contribución exclusiva que podamos hacer a este mundo nacerá de nuestra creatividad.

3. Si queremos que nuestra vida tenga significado, tiene que incluir el arte. Cocina, escribe, dibuja, garabatea, pinta, haz cuadernos de recortes, haz fotos, haz *collages*, haz punto, reconstruye un motor, esculpe, baila, decora, actúa, canta…, lo que sea. Mientras estemos creando, estaremos cultivando el significado.

Exactamente un mes después de haber estado trabajando con toda esta información sobre la creatividad, me apunté a una clase de pintar calabazas. No bromeo. Acudí con mi madre y con Ellen y fue uno de los mejores días de mi vida.

Por primera vez en décadas empecé a crear. Y desde entonces no he parado. Incluso empecé a hacer fotografías. Puede que suene manido, pero el mundo ya no ha vuelto a ser el mismo. Veo belleza y potencial en todas partes: en el jardín de mi casa, en una chatarrería, en una revista vieja. En todas partes.

Para mi familia y para mí ha supuesto una transición muy emotiva. A mis hijos les encanta el arte y estamos constantemente realizando proyectos familiares. Steve y yo somos adictos al Mac y nos entusiasma hacer películas juntos. El mes pasado Ellen nos dijo que quería ser chef, o «artista de la vida», como mi amiga Ali Edwards, una mujer que nos sirve de inspiración a las dos. Por ahora a Charlie le gusta mucho pintar y le haría ilusión tener una tienda de pelotitas de moco (algo al mismo tiempo creativo y emprendedor).

También me di cuenta de que gran parte de lo que hago en mi trabajo es creativo. El escritor William Plomer describía la creatividad como «el poder de conectar lo aparentemente inconexo». Mi trabajo consiste en establecer conexiones, por lo que parte de mi transformación residió en reconocer y celebrar mi creatividad ya existente.

Desechar la comparación no es un elemento más de la lista de tareas pendientes; para la mayoría es algo que exige una atención constante. ¡Resulta tan fácil apartar los ojos de nuestro camino para comprobar lo que están haciendo los demás y ver si van por delante o por detrás...! La creatividad, que es la expresión de nuestra originalidad, nos ayuda a permanecer conscientes de que lo que aportamos al mundo es completamente original y no puede compararse. Y si no hay comparación, los conceptos como *por delante* o *por detrás*, *mejor* o *peor* pierden su significado.

DAR MÁS

Deliberación: Si consideramos que la creatividad es un lujo o algo que hacemos solo cuando disponemos de tiempo libre, jamás podremos cultivarla. Yo reservo algo de tiempo cada semana para hacer y revelar fotografías, rodar películas y realizar trabajos manuales con los niños. Cuando crear se convierte en una prioridad, la vida funciona mejor en general.

Abrirse a la inspiración: Nada me inspira más que mi amistad con los Lovebombers, un grupo de artistas, escritores y fotógrafos que conocí por Internet y con los que paso un fin de semana largo al año. En mi opinión, es importantísimo encontrar una comunidad de personas con una actitud parecida a la nuestra y formar parte de ella para compartir ideas sobre la creatividad.

Responder activamente: Apúntate a una clase. Arriésgate a sentirte vulnerable, nuevo e imperfecto y apúntate a una clase.

Si necesitas más flexibilidad, encontrarás algunas ofertas estupendas por Internet. Prueba algo que te dé miedo o que hayas soñado hacer. Nunca se sabe dónde encontrarás tu inspiración creativa.

¿Y cuál es tu forma de DAR más?

CULTIVAR
EL JUEGO Y EL DESCANSO

Líbrate del agotamiento como símbolo de estatus
y de la productividad como medida de tu valía personal

EN MÁS DE UNA OCASIÓN, mientras realizaba las entrevistas para mi investigación, me sentí como una extraterrestre, una visitante que intentaba averiguar las costumbres y los hábitos de unas personas cuyas vidas eran increíblemente distintas de la mía. Había momentos embarazosos en los que tenía que esforzarme mucho por comprender lo que *ellas, las personas que vivían de todo corazón*, hacían y por qué lo hacían; y reconozco que a veces los conceptos me resultaban tan extraños que ni siquiera encontraba un lenguaje específico para nombrarlos. Lo que cuento a continuación refleja una de esas situaciones.

Recuerdo que le comenté a una de mis colegas:

—Esta gente que vive la vida de corazón holgazanea mucho.

—¿Holgazanea? ¿Cómo? —respondió ella riéndose.

Yo me encogí de hombros.

—No sé. Lo pasan bien y… no sé cómo llamarlo. Salen por ahí y hacen cosas divertidas.

—¿Qué tipo de cosas divertidas? —Mi colega parecía confusa—. ¿Aficiones? ¿Trabajos manuales? ¿Deportes?

—Sí —respondí—, cosas así, pero no tan organizadas. Voy a tener que escarbar un poco más.

Ahora repaso mentalmente aquella conversación y pienso:

¿cómo podía no darme cuenta de lo que estaba viendo? ¿Estaba tan alejada de ese concepto que ni siquiera era capaz de reconocerlo?

¡Me refiero a *jugar*! ¡Un componente fundamental de la vida de todo corazón es el juego!

Lo comprendí al observar a mis hijos y reconocer en ellos la misma actitud juguetona que describían los hombres y mujeres que entrevistaba. Esta gente juega.

Mi investigación del concepto del juego tuvo un principio escabroso. Una cosa aprendí en seguida: *no* teclees en Google «juego adulto». Tendrías que haberme visto cerrando ventanas pornográficas emergentes a toda velocidad: parecía que estaba jugando a «Aplasta al topo».

Una vez recuperada de semejante desastre de investigación, tuve la suerte de encontrar el trabajo del doctor Stuart Brown, psiquiatra, investigador clínico y fundador del National Institute for Play, además de autor de un maravilloso libro titulado *¡A jugar! La forma más efectiva de desarrollar el cerebro, enriquecer la imaginación y alegrar el alma*[1].

Basándose en sus propias investigaciones, así como en los últimos avances en biología, psicología y neurología, Brown explica que el juego desarrolla el cerebro, potencia la empatía, nos ayuda a navegar por grupos sociales complejos y forma el núcleo de la creatividad y la innovación.

Si te estás preguntando por qué he unido el juego y el descanso en este hito, te explico que se debe a que, tras leer diversas investigaciones sobre el juego, comprendo ahora que es tan esencial para nuestra salud y funcionamiento como el descanso.

Por eso, si eres como yo, querrás saber qué es el juego exactamente. Brown sugiere que el juego tiene siete propiedades, la primera de las cuales es que aparentemente carece de propósi-

---

[1] Stuart Brown y Christopher Vaughan, *¡A jugar! La forma más efectiva de desarrollar el cerebro, enriquecer la imaginación y alegrar el alma*, Urano, 2010.

to. Esto quiere decir que jugamos por jugar. Lo hacemos porque es divertido y nos apetece.

Y es aquí donde entra mi trabajo como investigadora de la vergüenza. En la cultura actual —en la que nuestra valía personal está ligada a nuestros ingresos y nuestro merecimiento se basa en nuestro nivel de productividad—, dedicar parte de nuestro tiempo a actividades que no tienen un propósito concreto es raro. De hecho, a muchos de nosotros nos suena a ataque de ansiedad inminente.

Tenemos tanto que hacer y tan poco tiempo para hacerlo que la idea de pasar un rato dedicados a algo no relacionado con la lista de cosas pendientes nos produce estrés. Nos convencemos a nosotros mismos de que jugar es una pérdida de nuestro precioso tiempo. ¡Incluso de que dormir es sinónimo de malgastar el tiempo!

Tenemos que hacer cosas. No importa si nuestro trabajo consiste en dirigir una empresa multimillonaria, sacar adelante a una familia, crear obras de arte o terminar los estudios. ¡Tenemos que seguir trabajando como locos! ¡No hay tiempo para andar jugueteando!

Brown, sin embargo, arguye que el juego no es una opción. De hecho escribe: «Lo contrario del juego no es el trabajo; lo contrario del juego es la depresión». Explica: «Respetar nuestra necesidad biológica de jugar puede transformar el trabajo; en efecto, es capaz de devolver la emoción y la novedad a nuestra tarea. El juego no solo nos permite manejar mejor las dificultades, sino que además potencia nuestra expansividad, nos ayuda a dominar la tarea que estamos llevando a cabo y constituye una parte esencial del proceso creativo. Lo más importante de todo es que el juego verdadero, el que procede de nuestras necesidades y deseos interiores, es el único camino hacia la dicha y la satisfacción duraderas en nuestro trabajo. A la larga, el trabajo sin juego no funciona»[2].

----

[2] Ibíd.

Lo chocante es la similitud que existe entre la necesidad biológica de jugar y la necesidad corporal de descansar, una cuestión fundamental para la vida de todo corazón. Al parecer, vivir y amar con toda el alma nos exige respetar la necesidad de renovación de nuestro cuerpo. Cuando empecé a investigar los conceptos de descanso, sueño y *deuda de sueño* —término con el que se designa el no dormir lo suficiente—, no me podía creer algunas de las consecuencias de no descansar como es debido.

Según los Centros de Control de Enfermedades, el sueño insuficiente está asociado a diversas enfermedades y trastornos crónicos, como diabetes, enfermedad cardiaca, obesidad y depresión[3]. También estamos aprendiendo que conducir adormilado puede ser tan peligroso —y tan evitable— como hacerlo be bido. Y sin embargo, muchos de nosotros seguimos creyendo que el agotamiento es un símbolo de estatus, de trabajo duro, y que el sueño es un lujo. El resultado es que estamos cansadísimos. Peligrosamente cansados.

Los mismos duendecillos que nos dicen que estamos demasiado ocupados para jugar y perder el tiempo holgazaneando son los que nos susurran:

- «¡Una hora más de trabajo! Puedes recuperar el sueño el fin de semana».
- «La siesta es para los holgazanes».
- «Sigue esforzándote. Puedes conseguirlo».

---

    [3] «Sleep and Sleep Disorders: A Public Health Challenge», www. cdc.gov/sleep/; L. R. McKnight-Eily y otros, «Perceived Insufficient Rest or Sleep-Four States, 2006», *MMWR (Morbidity and Mortality Weekly Report)* 57, núm. 8 (29 de febrero de 2008): 200-203, www.cdc.gov/mmwr/preview/ mmwrhtml/mm5708a2.htm (2 de enero de 2010), datos analizados de CDC's Behavioral Risk Factor Surveillance System (BRFSS).

Pero lo cierto es que no podemos. Somos una civilización de adultos agotados y excesivamente estresados que saturamos a nuestros hijos con una cantidad exagerada de actividades. Utilizamos el tiempo libre para buscar con desesperación la dicha y el significado en la vida, y creemos que los logros y las adquisiciones nos los van a aportar. Pero el empeño mismo por conseguirlos podría ser justamente lo que nos hace estar tan cansados y sentir tanto miedo de ir más despacio.

Si queremos vivir una vida de todo corazón tenemos que cultivar el sueño y el juego de forma intencionada, y librarnos del agotamiento como símbolo de estatus y de la productividad como medida de la valía personal.

Elegir descansar y jugar resulta, como mínimo, contracultural. La decisión de desechar el agotamiento y la productividad como pruebas de valor nos parecía muy razonable a Steve y a mí, pero la práctica real de vivir de todo corazón ha supuesto un gran esfuerzo para toda nuestra familia.

En 2008 Steve y yo nos sentamos a escribir una lista de las cosas que permiten que nuestra familia funcione. Básicamente respondimos la siguiente pregunta: «Cuando las cosas nos van realmente bien, ¿qué es lo que estamos haciendo?». Las respuestas reflejaron cuestiones como dormir, hacer ejercicio, tomar alimentos saludables, cocinar, disfrutar del tiempo libre, salir los fines de semana, ir a la iglesia, estar con los niños, sentir que controlamos el dinero, realizar un trabajo provechoso que no nos consume, holgazanear, dedicar parte de nuestro tiempo a estar con la familia y los amigos más íntimos y, sencillamente, pasar el rato. Estos eran (y son) nuestros «ingredientes para encontrar la dicha y darle sentido a nuestra vida».

Luego repasamos nuestra lista de sueños, que habíamos empezado a elaborar un par de años antes (y a la que seguíamos añadiendo cosas). Todos sus elementos tenían que ver con algún logro o adquisición: una casa con más dormitorios, un viaje, salarios más altos, logros profesionales y cosas por el estilo. Todo nos exigía ganar más dinero para gastar más.

Cuando cotejamos la lista de sueños con la de «ingredientes para encontrar la dicha y darle sentido a nuestra vida», nos dimos cuenta de que simplemente con desechar la lista de cosas que queríamos adquirir y conseguir ya podríamos estar viviendo nuestro sueño, y me refiero a que podríamos estar viviéndolo *ahora mismo,* en lugar de estar luchando por conseguirlo en el futuro. En otras palabras, nos dimos cuenta de que las cosas por las que trabajábamos no aportaban plenitud a nuestra vida.

Aceptar la lista de «ingredientes para encontrar la dicha y darle sentido a nuestra vida» no ha sido fácil. Hay días en los que parece muy lógica y otros en los que me dejo arrastrar por la idea de que todo sería fantástico si tuviéramos una habitación de huéspedes estupenda o una cocina mejor, o si pudiera pronunciar una conferencia en tal sitio o escribir un artículo para esa revista tan popular.

Incluso Ellen ha tenido que hacer algunos cambios. El año pasado le dijimos que íbamos a limitar sus actividades extracurriculares y que tendría que elegir entre la práctica de deportes, los *scouts* y las actividades extraescolares. Al principio mostró cierta resistencia. Señaló que hacía menos cosas que la mayoría de sus amigos, lo cual era cierto; tiene muchos amigos que practican dos o tres deportes cada semestre y dan clases de música, de lengua y de arte. Estos críos se levantan a las seis de la mañana y se acuestan a las diez de la noche.

Le explicamos entonces que el «recorte» formaba parte de un plan familiar más amplio. Yo había decidido acogerme a una jornada reducida en la universidad y su padre iba a trabajar solamente cuatro días a la semana. Nos miró como preparándose para recibir malas noticias. Preguntó:

—¿Pasa algo malo?

Le explicamos que queríamos tener más tiempo libre; poder pasar el rato tranquilamente más a menudo. Después de jurarle que no estábamos enfermos, preguntó muy excitada:

—¿Vamos a dedicar más tiempo a ver la tele?

—No —le expliqué—. Es más tiempo para jugar en familia. A papá y a mí nos encanta nuestro trabajo, pero a veces nos exige demasiado. Yo tengo que viajar y cumplir plazos en lo que escribo; papá tiene que estar siempre disponible. Tú también trabajas mucho con tus deberes del colegio. Así que queremos asegurarnos de poder disponer de tiempo libre para todos.

Puede que la experiencia sonara muy bien, pero a mí, como madre, me aterrorizaba. ¿Y si me estaba equivocando? ¿Y si lo suyo era estar ocupados y agotados? ¿Y si al final Ellen no puede ir a la universidad que elija porque no toca el violín, no habla mandarín y francés y no practica seis deportes?

¿Qué pasa si somos seres normales, tranquilos y felices? ¿Eso cuenta?

Supongo que la respuesta es *sí* únicamente si eso cuenta *para nosotros*. Si lo que nos importa es nuestro bienestar, entonces el juego y el descanso son primordiales. Pero si lo importante es lo que digan o valoren los demás, entonces nos tocará volver al agotamiento y a la producción permanente para sentir que valemos.

En este momento yo elijo jugar y descansar.

DAR MÁS

Deliberación: Una de las mejores cosas que hemos hecho en nuestra familia ha sido elaborar la lista de «ingredientes para encontrar la dicha y darle sentido a nuestra vida». Te animo a que te sientes y escribas tú también una lista de las cosas concretas que hacen que te encuentres a gusto con tu vida. Luego compara esa lista con la de las cosas pendientes y con la de las cosas que debes conseguir. Puede que te sorprendas.

Abrirse a la inspiración: A mí me inspiran constantemente el trabajo de Stuart Brown sobre el juego y el libro de Daniel Pink titulado *Una nueva mente* [4]. Si quieres aprender más cosas acerca de la importancia del juego y el descanso, léelos.

Responder activamente: Di *no* hoy mismo. Oponte al sistema. Quita algo de tu lista y añade «echar una siesta».

¿Y cuál es tu forma de DAR más?

---

[4] Daniel H. Pink, *A Whole New Mind: Why Right-Brainers Will Rule the Future*, ed. rústica, Penguin Group, Riverhead Books, 2006.

CULTIVAR
LA CALMA Y LA QUIETUD
Líbrate de la preocupación como estilo de vida

ACUÉRDATE DE QUE, cuando empezaron a aflorar los datos de esta investigación, tuve que irme derechita a la consulta de la terapeuta. Sabía que mi vida estaba desequilibrada y deseaba tener más de aquellas cosas que estaba descubriendo en el estudio. También quería averiguar por qué tenía mareos cada vez que me estresaba y me agobiaba. Se me iba literalmente la cabeza y la habitación me empezaba a dar vueltas. Un par de veces llegué incluso a caerme.

El mareo era nuevo; el agobio, no. Antes de empezar a conocer cómo se vive de todo corazón, siempre había sido capaz de gestionar las prioridades, las exigencias familiares y la presión implacable de la vida académica. En muchos sentidos, la ansiedad era una constante en mi vida.

Sin embargo, cuando empecé a hacerme consciente de lo que significaba vivir de todo corazón, fue como si mi cuerpo dijera: «Te voy a ayudar a poner en práctica esta nueva forma de vida haciendo muy difícil que ignores la ansiedad». Si me angustiaba demasiado, tenía que sentarme, porque corría el riesgo de caerme al suelo.

Recuerdo que le dije a Diana, mi terapeuta:

—No puedo seguir así. De verdad, no puedo.

—Ya lo sé —contestó—. Ya lo veo. ¿Qué crees que necesitas?

Lo pensé durante un segundo y respondí:

—Necesito una forma de mantenerme en pie cuando estoy realmente angustiada.

Ella se limitó a asentir con la cabeza y a esperar, como hacen los terapeutas. Esperar, esperar y esperar.

Por fin lo vi claro.

—Ya lo tengo. No puedo seguir *así;* no puedo seguir más tiempo con esta ansiedad. Lo que necesito no es descubrir un modo de seguir funcionando con estos niveles de ansiedad, sino encontrar la manera de estar menos angustiada.

Esos silencios pueden ser efectivos. Un incordio, pero efectivos.

Así que, tomando como base mi investigación, formulé un plan para disminuir la ansiedad. Los hombres y mujeres de las entrevistas no estaban libres de ella ni la rechazaban; simplemente eran conscientes de que existía. Todos ellos estaban comprometidos con una forma de vivir en la que la ansiedad era una realidad, pero no un estilo de vida. Y para eso cultivaban la calma y la quietud, y convertían esas prácticas en norma.

Puede que parezca que calma y quietud son la misma cosa, pero yo aprendí que son distintas y que necesitamos ambas.

CALMA

Yo defino *calma* como *la habilidad para desarrollar perspectiva y consciencia durante la gestión de la reactividad emocional.* Cuando pienso en gente calmada imagino a personas capaces de poner en perspectiva situaciones complicadas y de percibir sus sentimientos sin reaccionar ante emociones tan agudas como el miedo y la furia.

Cuando estaba embarazada de Ellen, alguien me regaló un librito titulado *Baby Love: A Tradition of Calm Parenting* [Amor al bebé: una tradición de crianza calmada], de Maud Bryt[1]. La madre, la abuela y la bisabuela de Bryt fueron matronas en Holanda y el libro está basado en la sabiduría de todas ellas. Aún puedo verme sentada en mi flamante mecedora, con una mano apoyada en mi abultadísima tripa y sosteniendo el libro con la otra. Recuerdo que en aquel momento pensé: «Este es mi objetivo. Quiero ser una madre calmada».

Lo sorprendente es que lo soy; soy una madre muy calmada. No porque me salga de forma natural, sino porque practico. Un montón. También tengo un modelo fantástico: mi marido, Steve. Observándole he aprendido el valor de poner las cosas en perspectiva y de tomar con tranquilidad las situaciones difíciles.

Intento responder con lentitud y pensar con rapidez: «¿Tenemos toda la información que necesitamos para tomar una decisión o elaborar una respuesta?». También soy muy consciente del efecto que la calma ejerce sobre una persona que sufre ansiedad o una situación de angustia. Una respuesta inducida por el pánico provoca más pánico y más miedo. Como afirma la psicóloga y escritora Harriet Lerner, «La ansiedad es extremadamente contagiosa, pero también lo es la calma»[2]. La cuestión es, por tanto: *¿queremos infectar a la gente con más ansiedad o preferimos curarnos a nosotros y a los que nos rodean recurriendo a la calma?*

Si elegimos curarnos recurriendo a la calma, tenemos que comprometernos a ponerla en práctica. Las cosas pequeñas tienen su importancia. Por ejemplo, antes de responder podemos contar hasta diez o concedernos el permiso de decir:

—No estoy segura. Necesito pensarlo un poco más.

[1] Maude Bryt, *Baby Love: A Tradition of Calm Parenting*, Nueva York, Dell, 1998.

[2] Harriet Lerner, *The Dance of Connection: How to Talk to Someone When You're Mad, Hurt, Scared, Frustrated, Insulted, Betrayed, or Desperate*, Nueva York, HarperCollins, 2002.

También resulta extremadamente efectivo identificar las emociones que tienen más probabilidades de disparar nuestra reactividad y luego practicar respuestas no reactivas.

Hace un par de años se lanzó un impactante anuncio de servicio público que mostraba a una pareja gritándose y cerrándose las puertas en las narices. Chillaban cosas como «¡Te odio!», «¡Métete en tus asuntos!» y «¡No quiero hablar contigo!». Al ver las imágenes no tenías ni idea de por qué discutían así, daban tantos portazos y volvían a empezar otra vez. Tras unos veinte segundos de gritos y golpes, la pareja se cogía de la mano y desaparecía de la pantalla caminando. Uno de ellos le comentaba al otro: «Creo que ya estamos listos», y a continuación un locutor decía algo así como: «Habla con tus hijos sobre las drogas. No es fácil, pero podría salvarles la vida».

Este anuncio es un ejemplo estupendo de cómo practicar la calma. Porque a menos que nuestros padres nos la enseñaran y creciéramos practicándola, es poco probable que constituya nuestra respuesta por defecto ante situaciones angustiosas o emocionalmente inestables.

En mi caso, la mejor forma de empezar es respirar. El simple hecho de inspirar antes de responder me hace ir más despacio e inmediatamente empieza a propagar una sensación de calma a mi alrededor. A veces incluso pienso: «¡Me muero de ganas de perder el control! ¿Tengo suficiente información para hacerlo? ¿Servirá de algo?». Pero la respuesta es siempre *no*.

QUIETUD

El concepto de quietud es menos complicado que el de calma, pero, al menos para mí, mucho más difícil de poner en práctica.

Me encantaría poder expresar lo mucho que me resistía simplemente a oír a la gente describir la quietud como un elemento fundamental de su viaje hacia la vida de todo corazón. Aquellos hombres y mujeres explicaban que para sentirse menos ansiosos y abrumados necesitaban apaciguar su cuerpo y su mente, ya fuera a través de la meditación y la oración, por ejemplo, o mediante periodos regulares de reflexión en silencio y ratos de soledad.

Estoy segura de que mi resistencia se debía a que el simple hecho de pensar en meditar ya me produce ansiedad. Es cierto: cada vez que intento meditar me siento como una especie de impostora, y me paso todo el tiempo pensando en que tengo que dejar de pensar: «Venga. No estoy pensando en nada. No estoy pensando en nada. Leche, pañales, detergente para la lavadora… ¡Un momento! Vale, no pensar. No pensar. Por favor, ¿cuándo se acaba todo esto?».

No me gusta admitirlo, pero lo cierto es que la quietud solía provocarme mucha ansiedad. En mi mente, estar quieta se definía, de una forma muy rigurosa, como estar sentada en el suelo con las piernas cruzadas y focalizándome en esa «nada» elusiva. Sin embargo, a medida que fui recopilando y analizando cada vez más historias me di cuenta de que aquella idea inicial era errónea. He aquí la definición de *quietud* que afloró a partir de los datos de las entrevistas:

> *La quietud no significa centrarse en la nada; significa crear un espacio abierto. Es abrirnos a un espacio emocionalmente libre de obligaciones y permitirnos sentir, pensar, soñar y cuestionar.*

Cuando dejamos a un lado nuestras suposiciones sobre lo que debería ser la quietud y encontramos la manera de crear un espacio abierto que nos funcione, crecen nuestras posibilidades de abrirnos y de superar la siguiente barrera de la quietud, que es el miedo. Un miedo que a veces puede ser muy grande.

Hacer un alto durante suficiente tiempo como para crear un tranquilo claro emocional nos expone a que la verdad de nuestra vida nos alcance invariablemente. Por eso nos convencemos a nosotros mismos de que, si nos mantenemos ocupados y en movimiento, la realidad no será capaz de seguirnos el paso, y de esa manera hacemos oídos sordos frente a lo cansados, asustados, confusos y abrumados que nos sentimos a veces. Por supuesto, lo paradójico del caso es que aquello que nos está agotando intenta, a su vez, mantenerse al margen de la sensación de agotamiento. Es la cualidad de autoperpetuación propia de la ansiedad, que se alimenta a sí misma. Muchas veces digo que el día que se empiecen a celebrar reuniones de los Doce Pasos para adictos a «estar ocupados», habrá que alquilar estadios de fútbol.

Además del miedo, otra barrera que nos impide alcanzar tanto la quietud como la calma es la forma en que nos han enseñado a pensar en ellas. Desde muy pequeños estamos recibiendo mensajes confusos sobre su valor. Padres y profesores nos chillan «¡Tranquilízate!» y «¡Estate sentado y quieto!», en lugar de mostrarnos en primera persona los comportamientos que les gustaría ver. De esta manera, en lugar de convertirse en unas prácticas que deseemos cultivar, la calma no hace más que provocarnos una ansiedad persistente, y la idea de quietud nos pone nerviosos.

En este mundo cada vez más complicado y cargado de ansiedad, necesitamos más tiempo para hacer menos y ser menos. Empezar a cultivar la calma y la quietud en nuestra vida puede resultar difícil, en especial cuando nos damos cuenta de hasta qué punto la tensión y la ansiedad definen nuestra actividad cotidiana. Sin embargo, a medida que la práctica se fortalece, la ansiedad pierde fuerza y podemos ver con más claridad lo que hacemos, adónde vamos y lo que de verdad tiene sentido para nosotros.

DAR MÁS

Deliberación: Mi plan de desintoxicación de la ansiedad incluyó más calma y más quietud, pero también más ejercicio y menos cafeína. Conozco a mucha gente que se toma algo por la noche para que le ayude a dormir y se pasa el día ingiriendo cafeína para mantenerse despierta. La calma y la quietud son una medicina eficaz para la falta general de sueño y energía. El aumento de mi dosis diaria de calma y quietud, unido a actividades como caminar, nadar y recortar el consumo de cafeína, ha obrado maravillas en mi vida.

Abrirse a la inspiración: Una de las cosas que me permiten mantenerme inspirada y transformada es algo que leí en el libro de Harriet Lerner, *The Dance of Connection*[3]. La doctora Lerner explica que todos seguimos unos determinados patrones para gestionar la ansiedad. Algunos respondemos *sobre*actuando y otros, *infra*actuando. Los que sobreactúan tienden a moverse con rapidez para aconsejar, rescatar, hacerse cargo, microgestionar y meterse en los asuntos de los demás, en lugar de mirar hacia adentro. Por el contrario, los que infraactúan tienden a ser menos competentes cuando están sometidos al estrés, lo que invita a los demás a hacerse cargo de la situación. Por eso suelen acabar convertidos en el centro del chisme, la preocupación o la inquietud familiar, y se los etiqueta de «irresponsables», «niños problemáticos» o «frágiles».

La doctora Lerner explica que el hecho de ver estas conductas como respuestas estructuradas a la ansiedad, en lugar de tomarlas como verdades sobre lo que somos, puede hacernos comprender que tenemos la posibilidad de cambiar. Así, los que tendemos a sobreactuar podemos mostrarnos más dispuestos a aceptar nuestra vulnerabilidad ante la ansiedad, y quienes infraactúan pue-

---

[3] Ibíd.

den trabajar en pos de aumentar sus puntos fuertes y sus habilidades.

Responder activamente: Experimenta con distintas formas de practicar la calma y la quietud; todos necesitamos encontrar lo que mejor resultado nos dé. Para ser honesta, yo jamás me siento tan abierta y emocionalmente «ordenada» como cuando salgo a dar un paseo sola. Técnicamente no estoy practicando la quietud, pero para mí eso supone abrir un claro emocional.

¿Y cuál es tu forma de DAR más?

CULTIVAR
EL TRABAJO PROVECHOSO

Líbrate de la falta de confianza en ti mismo y de los «se supone que»

En EL CAPÍTULO DEDICADO a la creatividad afirmaba que una parte significativa de mi trabajo consiste en establecer conexiones. De hecho, la esencia de lo que hago es encontrar y definir las conexiones sutiles y a menudo no verbalizadas que vinculan nuestra forma de pensar, sentir y actuar. A veces estas conexiones se detectan con facilidad y encajan perfectamente; pero en otras ocasiones son tan escurridizas que intentar establecer nexos resulta problemático y lioso. Este hito comenzó como una de esas experiencias problemáticas y liosas, pero con el tiempo fui descubriendo algunas conexiones llamativas.

Al inicio de esta investigación tenía claro que vivir una vida de todo corazón incluía embarcarse en lo que muchas de las personas a las que entrevisté calificaban de *trabajo significativo*. Algunos entrevistados hablaban de haber recibido una llamada y otros simplemente describían la tremenda sensación de logro y propósito que les aportaba su trabajo. Todo parecía de lo más directo, a excepción de una irritante lista de palabras que parecían importantes y *conectadas* de alguna manera con esa búsqueda de una labor significativa:

- dones y talento
- espiritualidad
- ganarse la vida
- compromiso
- lo que «se supone que»
- falta de confianza en uno mismo

Si las califico de irritantes es porque me llevó mucho tiempo averiguar cómo actuaban juntas. La parte agotada de mí quería olvidarse de estas palabras «extra», tal y como hace Steve cuando monta algún mueble de Ikea y le sobran doce tornillos. Anhelaba dar un paso atrás y sentenciar: «¡Suficiente! Todo esto sobra».

Pero no podía hacerlo, así que me centré exclusivamente en la idea del trabajo significativo; entrevisté a más participantes, encontré las conexiones y reconstruí el hito. Esto es lo que afloró:

- *Todos tenemos dones y algún talento.* Cuando los cultivamos y los compartimos con el mundo, aportamos una sensación de significado y propósito a nuestra existencia.
- *Si desaprovechamos nuestros dones, no hacemos más que atraer la desdicha a nuestra vida.* No poner en práctica los dones que nos han sido concedidos no resulta tan inofensivo como creemos, ni deberíamos limitarnos a pensar «¡qué pena!» y olvidarnos del tema; nos estamos jugando nuestro bienestar emocional y físico. Cuando no aplicamos nuestro talento al cultivo del trabajo significativo lo pasamos mal, porque nos sentimos desconectados y abrumados por una sensación de vacío, frustración, resentimiento, vergüenza, decepción, miedo e incluso aflicción.
- La mayoría de los que buscamos una conexión espiritual pasamos demasiado tiempo alzando la mirada al cielo y preguntándonos por qué vive Dios tan lejos. Dios vive dentro de nosotros, no por encima. *Compartir nuestros dones*

y talentos con el mundo constituye la fuente más poderosa de conexión con Dios.

- *Aplicar nuestros dones y talentos a la práctica de un trabajo significativo exige un gran compromiso por nuestra parte,* porque, en muchos casos, este tipo de tarea no es precisamente la que paga las facturas. Algunas personas sí que han conseguido acoplarlo todo y plasman sus dones y su talento en un trabajo que alimenta al mismo tiempo sus almas y a sus familias; sin embargo, la mayoría de la gente tiene que buscarse la vida para ensamblar las piezas del rompecabezas.

- Nadie puede definir qué tiene significado para cada individuo. La cultura no dictamina si se trata de trabajar fuera de casa, educar a nuestros hijos, ejercer como abogado, enseñar o pintar. *Al igual que los dones y el talento, el significado es único para cada persona.*

LA FALTA DE CONFIANZA EN NOSOTROS MISMOS Y LOS «SE SUPONE QUE»

Si pretendemos cultivar el trabajo significativo hemos de tener mucho cuidado con el acoso de los duendecillos, cuyo primer ejercicio consiste en burlarse de nuestros dones y talentos:

- «Puede que todo el mundo tenga dones especiales... menos *tú*. Quizá por eso no los has encontrado todavía».
- «Vale, eso lo haces bien, pero no es realmente un don. No es lo suficientemente grande ni importante como para que lo consideres un talento de verdad».

La falta de confianza en nosotros mismos socava el proceso de descubrir nuestros dones y compartirlos con el mundo. Es más, si desarrollar y compartir nuestros dones es la forma de honrar al espíritu y de conectarnos con Dios, la falta de confianza en nosotros mismos es permitir que el miedo mine nuestra fe.

Los duendecillos sacan mucho partido de los «se supone que», que no son otra cosa que un grito de batalla para encajar, buscar el perfeccionismo, agradar a la gente y probarnos a nosotros mismos:

- «Se supone que deberías preocuparte por ganar dinero, no por encontrar significado».
- «Se supone que deberías crecer y convertirte en un _____. Todo el mundo cuenta con ello».
- «Se supone que deberías aborrecer tu trabajo; ¡esa es precisamente la definición de trabajo!».
- «Si eres valiente, se supone que deberías dejar tu empleo y seguir el camino de tu felicidad. ¡No te preocupes por el dinero!».
- «Se supone que debes elegir entre un trabajo que te guste o un trabajo que dé de comer a tus seres queridos».

Para superar la falta de confianza en nosotros mismos y librarnos de los «se supone que», tenemos que empezar por reconocer los mensajes. ¿Qué es lo que nos asusta? ¿Qué contiene exactamente nuestra lista de «se supone que»? ¿Quién lo dice? ¿Por qué?

Los duendecillos son como niños pequeños. Si los ignoras gritan aún más fuerte, así que, en general, es preferible reconocer sus mensajes. Escríbelos. Ya sé que en principio parece contraintuitivo, pero el hecho de escribir y reconocer los mensajes de los duendecillos no les confiere más poder a ellos, sino que nos otorga más poder a nosotros. Nos da la oportunidad de decir: «Ya veo. Esto me da miedo, pero voy a hacerlo de todos modos».

ENCANTADA DE CONOCERTE.
¿A QUÉ TE DEDICAS?

Además de los duendecillos, otro de los obstáculos del trabajo significativo es la dificultad para definir honestamente quiénes somos y qué hacemos. En un mundo que tanto valora la primacía del trabajo, la pregunta que más formulamos y contestamos es: «¿A qué te dedicas?». A mí me fastidiaba mucho cada vez que me la hacían. Me parecía que tenía que elegir entre reducirme hasta quedar convertida en algo fácilmente digerible o hacerle un lío tremendo a la gente.

Ahora, cuando me preguntan «¿A qué te dedicas?», respondo «¿De cuánto tiempo dispones?»

Para casi todos nosotros, la respuesta es complicada. Yo, por ejemplo, soy madre, compañera, investigadora, escritora, cuentacuentos, hermana, amiga, hija y profesora. Lo que soy, a lo que me dedico, es el conjunto de todas estas cosas, por lo que nunca sé qué contestar. Y, para ser honesta, estoy cansada de tener que elegir para facilitarle las cosas al que me pregunta.

En 2009 conocí a Marci Alboher, autora/conferenciante/*coach*. Si te estás preguntando a santo de qué vienen las barras, te diré que me parecen de lo más apropiadas, porque Marci es la autora de *One Person/Multiple Careers: A New Model for Work/Life Success* [Una persona/trabajos múltiples: Un nuevo modelo para el éxito en el trabajo/la vida] [1].

Alboher entrevistó a cientos de personas que realizaban varios trabajos de forma simultánea y descubrió que las ocupaciones que contienen una barra de separación —investigadora/cuentacuentos, artista/agente inmobiliaria— integran y expresan plenamente una serie de pasiones, talentos e intereses que un

---

[1] Marci Alboher, *One Person/Multiple Careers: A New Model for Work/Life Success*, Nueva York, Business Plus, 2007.

empleo único es incapaz de incorporar. El libro de Marci está repleto de historias de gente que ha conseguido desarrollar un trabajo significativo negándose a quedar definida por una sola de sus actividades. Menciona, por ejemplo, a un estibador/cineasta de documentales, a un consultor de gestión empresarial/historietista, a un abogado/chef, a un rabino/monologuista, a un cirujano/autor teatral, a un gestor de inversiones/rapero y a un terapeuta/fabricante de violines.

Quería compartir contigo la idea del «efecto barra» porque en el mundo de los blogs, del arte y de la escritura conozco a muchas personas a las que les asusta reivindicar su trabajo. Por ejemplo, en una conferencia de prensa conocí hace poco a una mujer que es contable/joyera. Me hizo mucha ilusión porque le había comprado un par de pendientes preciosos por Internet. Cuando le pregunté cuánto tiempo llevaba dedicándose a la joyería, se ruborizó y contestó:

—Me encantaría dedicarme a la joyería, pero en realidad soy censora jurada de cuentas. No soy joyera de verdad.

Yo pensé: «Bueno, lo que llevo puesto en este momento son tus pendientes, no tu ábaco». Así que me señalé las orejas y dije:

—¡Pues claro que eres joyera!

Ella se limitó a sonreír y respondió:

—Eso no me da mucho dinero. Lo hago solo porque me apasiona.

Por muy grotesco que pudiera parecerme aquel comentario, lo entendí. Yo odio definirme como escritora, porque no me siento legitimada para ello; a mi entender, no soy *suficientemente* escritora. Sin embargo, para superar la falta de confianza en nosotros mismos tenemos que creer que *sí* somos suficientes y no hacer caso de lo que, según el resto del mundo, «se supone que» deberíamos ser y llamarnos.

Cada semestre comparto la siguiente cita del teólogo Howard Thurman con mis alumnos de posgrado. Siempre ha sido una de mis favoritas, pero desde que estudié la importancia del trabajo significativo ha adquirido un sentido nuevo para mí: «No preguntes qué es lo que el mundo necesita. Pregunta qué es lo que te hace estar vivo y hazlo. Porque lo que el mundo necesita son personas que estén vivas».

DAR MÁS

Deliberación: Averiguar cómo puedes hacer un trabajo significativo puede llevarte cierto tiempo. Lo que yo hice al final fue concretar al máximo y anotar lo que, a mi entender, implica ser «significativo». En este momento, y solo en mi caso, quiero que mi trabajo sea inspirador, contemplativo y creativo. Y empleo estos conceptos como filtros para tomar decisiones sobre lo que hago / a qué me comprometo / cómo empleo mi tiempo.

Abrirse a la inspiración: Te recomiendo vivamente el libro de Marci Alboher *One Person/Multiple Careers*, porque incluye un montón de estrategias prácticas para asumir la presencia de «la barra» en nuestra vida. También Malcom Gladwell constituye para mí una fuente constante de inspiración. En su libro *Fueras de serie* propone la idea de que el trabajo significativo se basa en tres preceptos —complejidad, autonomía y una relación entre esfuerzo y recompensa— que a menudo coinciden en el trabajo creativo[2]. Estos preceptos encajan a la perfección con la esencia de cultivar un trabajo significativo en el contexto de la vida de todo corazón. Por último, creo que todo el mundo debería leer *El alquimista*[3], de Paulo Coelho; yo intento hacerlo al menos una vez al año. Es una forma poderosa de ver las conexio-

---

[2] Malcolm Gladwell, *Fueras de serie. Por qué unas personas tienen éxito y otras no*, Madrid, Taurus, 2009.

[3] Paulo Coelho, *El alquimista*, Barcelona, Planeta, 2008.

nes entre nuestros dones, nuestra espiritualidad y nuestro trabajo (con barras o sin ellas), y la forma en que todos ellos se unen
para dar sentido a nuestra vida.

Responder activamente: Haz una lista de los trabajos que te
inspiren. Pero no seas práctico; no pienses en ganarte la vida, sino
en hacer algo que te apasione. En ningún sitio dice que debas
dejar tu empleo para cultivar un trabajo significativo, ni tampoco que tu empleo cotidiano no sea un trabajo significativo en
realidad. Quizá nunca lo hayas considerado de esa manera. ¿Cuál
es tu barra ideal? ¿Qué quieres ser de mayor? ¿Qué te aporta
sentido?

¿Y cuál es tu forma de DAR más?

CULTIVAR LA RISA, EL CANTO Y EL BAILE

Líbrate de la idea de ser «cool» y no perder nunca el control

Baila como si nadie te estuviera viendo. Canta como si nadie te estuviera oyendo. Ama como si nunca te hubieran hecho daño y vive como si el cielo estuviera en la tierra.

MARK TWAIN

A LO LARGO DE LA HISTORIA de la humanidad hemos recurrido a la risa, el canto y el baile para expresarnos y comunicar nuestras historias y emociones, para celebrar y llorar, y también para nutrir a nuestra comunidad. Si bien la mayoría de la gente te diría que una vida sin risa, música y baile sería insoportable, lo cierto es que, por lo general, no les damos la importancia que tienen.

La risa, el canto y el baile están tan entretejidos en nuestra vida cotidiana que a veces se nos olvida lo mucho que valoramos a las personas que nos hacen reír, las canciones que nos inspiran a bajar la ventanilla del coche y cantar a pleno pulmón, y la libertad total que sentimos cuando «bailamos como si nadie nos estuviera viendo».

En su libro *Una historia de la alegría*, la crítica social Barbara Ehrenreich recurre a la historia y la antropología para documentar la importancia de implicarse en lo que ella denomina «éxtasis colectivo», y llega a la conclusión de que somos «seres sociales por naturaleza, impulsados de forma casi instintiva a compartir nuestra alegría»[1]. Yo estoy absolutamente convencida de que tiene razón. También me encanta la idea del éxtasis colectivo, especialmente ahora, cuando parecemos atrapados en un estado de miedo y ansiedad general.

Al repasar mis datos, me formulé dos preguntas:

1. ¿Por qué nos resultan tan importantes la risa, las canciones y los bailes?
2. ¿Tienen algún elemento transformador en común?

Son preguntas difíciles de responder; porque, desde luego, anhelamos reír, cantar y bailar cuando estamos contentos, pero también apelamos a estas formas de expresión cuando nos sentimos solos, tristes, excitados, enamorados, desconsolados, asustados, avergonzados, confiados, seguros, dubitativos, valientes, desdichados y extasiados (por nombrar solo unos cuantos estados). Estoy convencida de que hay una canción, un baile y un camino hacia la risa para cada una de las emociones humanas.

Tras analizar mis datos durante un par de años, he aquí lo que he aprendido:

> *La risa, las canciones y el baile crean una conexión emocional y espiritual; nos recuerdan que lo único que realmente importa cuando buscamos consuelo, celebración, inspiración o curación es que no estamos solos.*

Lo paradójico del caso es que el período durante el que aprendí más cosas sobre la risa fueron los ocho años que dediqué a estudiar la vergüenza. La resiliencia a la vergüenza necesita de la risa. En *Creía que solo me pasaba a mí* describo el tipo de risa que nos ayuda a sanar, y la denomino «risa de conoci-

---

[1] Barbara Ehrenreich, *Historia de la alegría*, Paidós, 2011.

miento». La risa es una forma espiritual de unión, ya que sin pronunciar palabra alguna podemos decirnos unos a otros: «Estoy contigo. Te entiendo».

La risa verdadera no es el humor que usamos para autodespreciarnos o desviar la dirección de una situación, ni tampoco es el tipo de risa dolorosa tras la que nos escondemos a veces. La risa de conocimiento encarna el alivio y la conexión que experimentamos cuando nos damos cuenta del poder que encierra compartir nuestras historias: no nos reímos *del* otro sino *con* el otro.

Una de mis definiciones favoritas de la risa es la de la escritora Anne Lamott, a quien oí decir en una ocasión: «La risa es una forma burbujeante, efervescente, de espiritualidad». ¡Amén!

LAS CANCIONES

Entre las cintas de ocho pistas que mis padres ponían en nuestro coche, mi pila de discos de vinilo de los años setenta, mis cintas de los ochenta y noventa y las listas de iTunes de mi ordenador nuevo, lo cierto es que mi vida tiene su propia banda sonora. Y las canciones que la conforman evocan en mí más emociones y recuerdos que ninguna otra cosa.

Soy consciente de que no todo el mundo comparte esa misma pasión por la música, pero la más universal de las características de las canciones es su capacidad para removernos emocionalmente, a veces de una forma que jamás habríamos imaginado. Hace poco, por ejemplo, tuve ocasión de ver la versión de una película según el montaje de su director, y una de las escenas, de contenido sumamente dramático, aparecía primero con música y luego sin música. La diferencia era increíble.

La primera vez que vi la película, ni siquiera me di cuenta de que hubiera música alguna de fondo; me recuerdo sentada en el borde del asiento, a la espera de que las cosas salieran como yo deseaba. Sin embargo, cuando la vi sin música, la escena me resultó plana, desprovista por completo de aquel nivel de expectación. Sin música resultaba insulsa, nada emotiva.

La música, ya sea una canción religiosa, el himno nacional, el himno de un equipo universitario, una canción que pongan por la radio o la exquisita banda sonora de alguna película, nos llega y nos ofrece conexión, algo sin lo cual no podemos vivir.

EL BAILE

Yo mido la salud espiritual de nuestra familia por lo que se baila en la cocina. En serio. ¡La canción favorita de Charlie es «Kung Fu Fighting» y a Ellen le gusta «Ice Ice Baby», de Vanilla Ice! Somos amantes de la música y del baile, no esnobs. No miramos por encima del hombro las canciones pasadas de moda como «El twist» o «La Macarena». Nuestra cocina no es muy grande, así que cuando estamos allí dentro los cuatro, en calcetines y deslizándonos de un sitio para otro, más parece que estemos enfrascados en una danza frenética que en un baile infantil. Es un desorden, pero resulta siempre muy divertido.

No tardé mucho en aprender que bailar es algo que a mucha gente le cuesta un montón. Reír histéricamente puede hacernos sentir un poco fuera de control, y, a algunos, cantar en voz alta suele darnos bastante vergüenza. Sin embargo, para muchos no existe ninguna forma de autoexpresión que nos haga sentir tan vulnerables como bailar. Y se trata literalmente de una vulnerabilidad de todo el cuerpo. La única otra vulnerabilidad de todo el cuerpo que se me ocurre es estar desnudo, y no hace falta que te diga lo expuestos que nos sentimos la mayoría en esas condiciones.

A mucha gente le resulta demasiado difícil correr el riesgo de sentirse vulnerable en público, por lo que bailan en casa o únicamente delante de personas a las que quieren. Para otras, la vulnerabilidad es tan aplastante que no bailan nada en absoluto. Una mujer me dijo en cierta ocasión:

—A veces, cuando veo en la televisión a gente bailando o ponen una buena canción, empiezo a dar golpecitos en el suelo con el pie sin darme cuenta. En cuanto lo advierto, me da vergüenza. No tengo nada de ritmo.

Está claro que unas personas se inclinan más por la música o tienen más coordinación que otras, pero estoy empezando a creer que el baile está en nuestro ADN. No un baile *super-mega-«cool»* ni una coreografía estupenda, ni tampoco nada del tipo *Mira quién baila*: me refiero a una fuerte atracción por el ritmo y el movimiento. Ese deseo de moverse se aprecia claramente en los niños. Todos ellos bailan... *hasta* que les enseñamos que tienen que preocuparse por su aspecto y por lo que el resto de la gente vaya a pensar. Incluso bailan desnudos; no siempre con gracia ni al ritmo de la música, pero siempre con alegría y placer.

La escritora Mary Jo Putney afirma: «Lo que a uno le apasiona en la niñez permanece en el corazón para siempre». Si eso es cierto —y creo que sí—, entonces el baile permanece en nuestro corazón aunque nuestra cabeza llegue a preocuparse en exceso por lo que la gente pueda pensar.

COOL Y SIEMPRE BAJO CONTROL

> La única moneda verdadera en este mundo en bancarrota es lo que compartes con otra persona cuando se está fuera de moda.
>
> Cita de la película *Casi famosos, 2000*

Una buena carcajada, cantar a todo pulmón y bailar como si nadie nos estuviera viendo son, sin duda, acciones buenas para el alma. Pero, como ya he mencionado, también son ejercicios de vulnerabilidad. La risa, el canto y el baile no solo disparan nuestra vulnerabilidad, sino también nuestra vergüenza, como por ejemplo, a través del miedo a que nos consideren torpes, ridículos, tontos, espásticos, pasados de moda, fuera de control, inmaduros, estúpidos e idiotas. Para casi todo el mundo, una lista bastante espeluznante. Los duendecillos, que nunca descansan, se aseguran de que la autoexpresión se haga a un lado y deje siempre paso a la autoprotección y el pudor.

- «¿Qué va a pensar la gente?»
- «Todo el mundo te está mirando… ¡Tranquilízate!»
- «¡Estás ridículo! Contrólate»

Las mujeres que entrevisté hablaban del peligro de ser consideradas «chabacanas» o «desmadradas». No sabes cuántas me contaron lo doloroso que les resultaba que alguien les sugiriera con actitud paternalista: «Venga, cálmate», cuando por fin conseguían desinhibirse.

Y los hombres, por su parte, se apresuraban a señalar lo peligroso que les parecía que otros los creyeran «fuera de control». Uno me explicó: «Las mujeres dicen que deberíamos soltarnos y divertirnos, pero ¿nos considerarían atractivos si bajáramos a la pista a hacer el imbécil delante de otros tíos o, lo que es peor, delante de los amigos de nuestra novia? Es más fácil quedarte atrás y fingir que el baile no te interesa. Aunque en realidad sí te apetezca bailar».

Son muchas las formas en las que tanto hombres como mujeres nos afanamos por reafirmar nuestra valía personal en estos temas, pero las dos que más nos tranquilizan son que nos consideren «cool» y «controlados». Querer que nos tomen por personas «cool» no significa desear ser los más populares ni nada por el estilo; en realidad tiene que ver con intentar minimizar nuestra vulnerabilidad para reducir así el riesgo de que nos ridiculicen o se burlen de nosotros.

Nos afanamos por reafirmar nuestra valía personal metiéndonos en el corsé emocional y conductual de lo «cool» y adoptando una pose trágicamente moderna y «mejor que». «Tener el control» no significa siempre manipular las situaciones; muchas veces está relacionado con la necesidad de gestionar la percepción de los demás. Queremos ser capaces de controlar lo que otros piensan de nosotros para poder sentirnos suficientemente bien.

Yo crecí en una familia en la que estar a la última y encajar eran dos aspectos que se valoraban muchísimo, así que de adulta he tenido que esforzarme mucho para permitirme ser vulnerable y auténtica en algunos de estos temas. Podía reír, cantar y bailar como una adulta siempre y cuando mi actuación no pareciera tonta, ridícula o torpe. Durante años, esos conceptos dispararon mi vergüenza.

Durante mi «~~Colapso~~ Despertar Espiritual de 2007» comprendí todo lo que me he perdido por querer ser «cool». Me di cuenta de que una de las razones por las que me asusta probar cosas nuevas (como el yoga o la clase de ejercicios de hip hop del gimnasio) es el miedo a que me vean ridícula y torpe.

He invertido mucho tiempo y energía en trabajar este tema; es un proceso lento. Aún hoy solo me muestro especialmente tonta y ridícula ante personas en las que confío, pero creo que está bien así. También me estoy esforzando mucho por transmitirles esta idea a mis hijos, y no es tan difícil si dejamos de estar atentos a los duendecillos y a los resortes que nos disparan la vergüenza. He aquí la prueba:

Un día del año pasado tuve que ir corriendo a Nordstrom a comprar algo de maquillaje. Estaba hundida en un estado de ánimo del tipo «nada me vale y me siento como Jabba, el hutt de *La guerra de las galaxias*», por lo que me puse una de mis sudaderas más amplias, me recogí el pelo sucio con una diadema y le dije a Ellen:

—Solo vamos a entrar y salir corriendo.

De camino al centro comercial, Ellen me recordó que los zapatos que le había regalado su abuela estaban en la parte de atrás del coche y me preguntó si podíamos cambiarlos por una talla más grande, ya que íbamos a pasar por la tienda. Así que después de comprar mi maquillaje, subimos a la sección de calzado infantil. Justo cuando llegábamos arriba por la escalera mecánica, vi a un trío de mujeres fabulosas. Encaramadas en sus botas de tacón alto y puntera afilada, sacudían la melena (limpia) sobre sus hombros estrechos y rectos y observaban cómo sus hijas, igualmente guapísimas, se probaban unas deportivas.

Mientras intentaba no derrumbarme ni compararme con ellas, centrando mi atención en los zapatos del expositor, observé un extraño movimiento sincopado con el rabillo del ojo. Era Ellen. A pocos metros, en la sección infantil, estaban poniendo una canción pop, y mi hija de ocho años estaba bailando llena de confianza en sí misma. Bueno, para ser más exacta, estaba haciendo el robot.

En el momento en que Ellen alzó la vista y se dio cuenta de que la estaba mirando, yo descubrí que las fantásticas mamás y sus hijas a juego no le quitaban la vista de encima. Las mujeres sentían vergüenza ajena, y las niñas, que tenían un par de años más que la mía, estaban visiblemente a punto de hacer o decir algo desagradable. Ellen se quedó helada. Todavía doblada y con los brazos en ángulo recto, me miró como preguntando: «¿Qué hago, mamá?».

Tiempo atrás, mi primera respuesta en esta situación habría sido dirigir una mirada peyorativa a Ellen, como diciendo: «Venga ya, ¡deja de hacer el tonto!». En otras palabras, mi primera reacción habría sido salvarme a mí misma traicionándola a ella. Gracias a Dios no lo hice. Una combinación de factores como este trabajo, un instinto maternal más fuerte que el miedo, y la pura gracia, me indicaron: «¡Elige a Ellen! ¡Ponte de su lado!».

Alcé la mirada hacia las otras madres y luego miré a mi hija. Recurrí a todo mi coraje, sonreí y dije:

—Te falta el número del espantapájaros.

Y entonces estiré el brazo, con la muñeca y la mano colgando, y agité el antebrazo. Ellen sonrió. Allí de pie, en mitad de la sección de calzado, estuvimos practicando aquellos movimientos hasta que terminó la canción. Ignoro cómo respondieron los espectadores a nuestro baile. Solo me centré en Ellen y no le quité los ojos de encima.

Traición es una palabra importante en este hito. Cuando valoramos más el ser «cool» y mantener el control que permitirnos la libertad de desatar las expresiones apasionadas, ridículas, sinceras y profundamente sentidas de lo que somos, nos traicionamos a nosotros mismos. Y si nos traicionamos a nosotros mismos de forma continuada, desde luego acabaremos haciendo lo mismo con las personas a las que queremos.

Cuando no nos damos permiso para ser libres, rara vez toleramos esa libertad en los demás. Los humillamos, nos burlamos de ellos, ridiculizamos su conducta y a veces los avergonzamos. Y ya lo hagamos de forma intencionada o inconsciente, en ambos casos el mensaje es: «¡Venga ya! Deja de hacer el tonto».

Los indios hopi tienen un dicho: «Vernos bailar es escuchar lo que dicen nuestros corazones». Sé que hace falta mucho valor para dejar que la gente escuche lo que dicen nuestros corazones, pero la vida es demasiado preciosa para desperdiciarla simulando que somos superestupendos y que jamás perdemos el control, cuando podríamos estar riendo, cantando y bailando.

DAR MÁS

Deliberación: Si creemos que reír, cantar y bailar son actividades esenciales para el cuidado de nuestra alma, ¿cómo podemos hacerles hueco en nuestra vida? Una de las cosas que yo he empezado a hacer es poner música en la cocina mientras recogemos todos juntos después de la cena. Bailamos y cantamos, y eso, a su vez, siempre provoca unas buenas carcajadas.

Abrirse a la inspiración: Me encanta hacer «listas de canciones temáticas», que no son otra cosa que grupos de canciones que me apetece escuchar cuando me siento de una forma determinada. Tengo de todo, desde una lista titulada «Dios en el iPod» hasta otra llamada «Corre como quieras correr». Mi preferida es la lista «La auténtica yo», que contiene las canciones que me hacen sentirme más como soy en realidad.

Responder activamente: Atrévete a ser ridículo. Baila cada día durante cinco minutos. Graba un disco con canciones para cantar en el coche. ¡Pon ese vídeo tan tonto de YouTube que te hace reír cada vez que lo ves!

¿Y cuál es tu forma de DAR más?

REFLEXIONES FINALES

Yo creo que casi todos hemos aprendido a detectar con bastante precisión las sandeces que proponen algunos libros de «autoayuda», y me parece estupendo. Hay demasiados textos que prometen cosas que no pueden cumplir o aparentan que el cambio es mucho más fácil de lo que realmente es. La verdad es que un cambio significativo es un proceso continuo que puede resultar incómodo y a menudo supone muchos riesgos, en especial porque estamos hablando de aceptar imperfecciones, cultivar la autenticidad, mirar al mundo cara a cara y decir: «Soy suficiente tal cual soy».

Por mucho que nos asusten los cambios, la cuestión que debemos responder en último término es la siguiente: *¿Qué resulta más arriesgado: ignorar lo que la gente pueda pensar de nosotros o hacer oídos sordos a lo que sentimos, lo que creemos y lo que somos?*

Cultivar la vida de todo corazón significa implicarnos en nuestra propia existencia con el convencimiento de que nos merecemos conseguir lo que deseamos. Significa cultivar el coraje, la compasión y la conexión para despertarnos cada mañana y pensar: «Independientemente de lo mucho que haya hecho o haya dejado sin hacer, soy suficiente tal cual soy». Significa acostarnos por la noche pensando: «Sí, soy imperfecto y vulnerable, y a veces tengo miedo, pero eso no cambia el hecho de que también sea valiente y merezca sentir amor y desarrollar una sensación de pertenencia».

A mí me parece lógico que los dones de la imperfección sean el coraje, la compasión y la conexión, porque, cuando rememoro cómo era mi vida antes de este trabajo, recuerdo que a menudo me sentía asustada, criticona y sola: exactamente lo contrario de lo que debía. Solía preguntarme: «¿Qué pasará si no soy capaz de hacer todo lo que tengo que hacer? ¿Por qué no está todo el mundo trabajando más y cumpliendo mis expectativas? ¿Qué pensará la gente si fracaso o me doy por vencida? ¿Cuándo puedo dejar de demostrar lo que soy a los demás?».

En mi caso, el riesgo de perderme a mí misma me pareció mucho más peligroso que el de dejar que la gente viera la persona que soy realmente. Han pasado casi cuatro años desde aquel día de 2006 en el que mi investigación volvió mi vida del revés. Han sido los mejores cuatro años de mi vida, y no cambiaría ni una coma. El «~~Colapso~~ Despertar Espiritual» fue duro, pero tenía que serlo, porque soy muy cabezota. Supongo que el universo necesitaba alguna forma de atraer mi atención.

Con independencia del estante que ocupe este libro en la librería de tu barrio, no estoy segura de que se trate de un texto de autoayuda. Yo lo considero una invitación a formar parte de una revolución de todo corazón. Un movimiento pequeño, callado y comunitario que empieza cuando cada uno de nosotros afirma: «Mi historia importa porque yo importo». Un movimiento en el que podemos sacar a la calle nuestras vidas embarulladas, imperfectas, salvajes, con estrías, maravillosas, desgarradoras, llenas de gracia y de alegría. Un movimiento impulsado por la libertad que sentimos en cuanto dejamos de simular que todo está bien cuando no lo está. Una llamada que brota de nuestras entrañas cuando encontramos el coraje de celebrar los momentos intensamente alegres, a pesar de habernos convencido a nosotros mismos de que saborear la felicidad es invitar al desastre.

Puede que el término *revolución* suene ligeramente dramático, pero, en este mundo, elegir la autenticidad y la valía personal es un absoluto acto de resistencia. Elegir vivir y amar con todo el corazón es un acto de desafío. Vas a confundir, a enfadar y a aterrorizar a montones de personas…, incluso a ti mismo. En un momento dado estarás rezando por que la transformación pare de una vez, y al siguiente rogarás que no termine jamás. También te asombrarás de lo valiente y atemorizado que puedes llegar a sentirte al mismo tiempo. Al menos así es como yo me siento casi siempre: valiente, asustada y muy muy viva.

ACERCA DEL PROCESO DE INVESTIGACIÓN

Para buscadores de emociones
y yonquis de la metodología

HACE UN PAR DE AÑOS se me acercó una mujer joven después de una conferencia y me dijo:

—Espero que lo que te voy a decir no te resulte extraño, maleducado ni nada parecido, pero no pareces una investigadora.

No dijo nada más; se limitó a quedarse allí de pie esperando, un tanto confundida.

Yo sonreí y pregunté:

—¿A qué te refieres?

—Pareces de lo más normal —respondió.

—Bueno, las apariencias pueden engañar —reí—. Soy de lo más *a*normal.

Acabamos manteniendo una estupenda conversación. Se trataba de una madre soltera que estudiaba psicología y sentía predilección por las clases de investigación, pero cuyo tutor en la facultad no le animaba a seguir por ese camino. Hablamos del trabajo y de la maternidad, y también sobre el aspecto que deberían tener los investigadores. En su opinión, a mí me faltaban los ratones, la larga bata blanca de laboratorio y el cromosoma Y. Me explicó:

—Yo me imaginaba a unos tipos mayores de raza blanca que trabajaban en laboratorios y estudiaban a los ratones, y no a una madre que lleva a su hijo al fútbol y estudia los sentimientos.

El camino que me condujo a la investigación no fue en absoluto recto ni estrecho, y paradójicamente puede que fuera eso lo que me hizo acabar estudiando la conducta y las emociones humanas como medio de ganarme la vida. Me pasé varios años matriculándome y dejando la universidad. En los semestres en los que no estudiaba me dediqué a trabajar en un bar sirviendo mesas y atendiendo la barra, a recorrer Europa en autoestop, a jugar mucho al tenis, etc. Ya te haces una idea.

Cuando tenía veintimuchos años descubrí la profesión de trabajadora social y supe que era eso lo que estaba buscando. Hice dos cursos en una escuela universitaria para subir mi nota media y poder entrar en alguna universidad grande en la que se impartiera esa carrera, y durante esos cursos me enamoré de la idea de enseñar y escribir.

Tras pasar años entrando y saliendo de la universidad, a los veintinueve me licencié en Trabajo Social por la Universidad de Texas-Austin con unas notas magníficas, e inmediatamente presenté mi solicitud en la Escuela de Posgrado de la Universidad de Houston. Me aceptaron; trabajé duro, terminé el máster y fui aceptada en el programa de doctorado.

Durante el doctorado descubrí la investigación cualitativa. A diferencia de la investigación cuantitativa, que está relacionada con pruebas y estadísticas que te aportan lo que necesitas para predecir y controlar los fenómenos, la cualitativa se ocupa de encontrar patrones y temas que te ayuden a comprender mejor los fenómenos que estás estudiando. Son dos enfoques igualmente importantes, pero muy distintos.

Yo utilizo una metodología cualitativa concreta denominada teoría fundamentada [1]. Tuve la suerte de estudiar con Barney

---

[1] Barney G. Glaser y Anselm L. Strauss, *The Discovery of Grounded Theory: Strategies for Qualitative Research*, Hawthorne, NY, Aldine Transaction, 1967; Barney G. Glaser, *Theoretical Sensitivity: Advances in the Methodology of*

Glasser, uno de los dos hombres que desarrollaron esta metodología en los años sesenta. El doctor Glasser se trasladó desde California para actuar como metodólogo en el tribunal ante el que defendí mi tesis.

La premisa básica de la investigación por el método de la teoría fundamentada es partir de la menor cantidad posible de ideas preconcebidas y asunciones previas, para poder así elaborar una teoría basada en los datos que van aflorando durante el proceso. Por ejemplo, cuando empecé lo que más tarde bauticé como «investigación de todo corazón», me planteaba dos preguntas: cuál es la anatomía de la conexión humana y cómo funciona. Tras estudiar lo mejor y lo peor de la humanidad, tuve que aprender que no hay nada tan importante como la conexión entre las personas, y quise saber más de los entresijos de nuestra forma de desarrollar conexiones significativas.

En el proceso de recopilar datos para responder a estas preguntas, me topé con la vergüenza, ese sentimiento que corroe la conexión. Decidí entonces hacer una paradita rápida en este tema para comprenderlo bien y así entender todavía mejor la conexión. Por aquel entonces mis preguntas se convirtieron en: ¿qué es la vergüenza y cómo afecta a nuestra vida?

La paradita rápida duró al final ocho años (había un montón de cosas que aprender), y basándome en lo que había descubierto planteé nuevas preguntas. Dado que los hombres y las muje-

Grounded Theory, Mill Valley, CA, Sociology Press, 1978; Barney G. Glaser, _Basics of Grounded Theory Analysis: Emergence vs. Forcing_, Mill Valley, CA, Sociology Press, 1992; Barney G. Glaser, _Doing Grounded Theory: Issues and Discussions_, Mill Valley, CA, Sociology Press, 1998; Barney G. Glaser, _The Grounded Theory Perspective: Conceptualization Contrasted with Description_, Mill Valley, CA, Sociology Press, 2001; Barney G. Glaser, _The Grounded Theory Perspective II: Description's Remodeling of Grounded Theory_, Mill Valley, CA, Sociology Press, 2003; Barney G. Glaser, _The Grounded Theory Perspective III, Theoretical Coding_, Mill Valley, CA, Sociology Press, 2005.

res que aceptan sus vulnerabilidades e imperfecciones y desarrollan un notable nivel de resiliencia a la vergüenza parecen valorar un determinado modo de vida, ¿qué es exactamente lo que valoran y de qué forma cultivan lo que necesitan? A partir de estos interrogantes determiné lo que la mayoría de la gente necesita para vivir de todo corazón.

Mis datos no proceden de cuestionarios ni de encuestas; entrevisto a gente y recopilo historias utilizando mis notas de campo. Soy básicamente una «atrapahistorias»; tanto, que durante los últimos diez años he recogido más de diez mil. He realizado entrevistas formales de investigación con cerca de mil hombres y mujeres, de forma individual y también en grupos focales. La gente ha compartido conmigo sus historias por carta y por correo electrónico, a través de mi blog y en los cursos que he impartido. Algunos incluso me han enviado sus creaciones y copias de sus diarios. También he hecho presentaciones ante decenas de miles de profesionales del área de la salud mental que me han dado a conocer sus casos.

Una vez que termino de entrevistar, analizo las historias en busca de temas y patrones que me permitan elaborar teorías a partir de los datos recogidos. Cuando codifico esos datos (es decir, analizo las historias), me pongo en plan investigadora total y mi único objetivo es reproducir con exactitud lo que escuché en las historias. No pienso en cómo diría yo algo, solo en cómo lo dijeron los que lo contaron. No pienso en lo que significaría para mí una determinada experiencia, sino únicamente en lo que significó para la persona que me la contó.

En lugar de abordar un problema y decir: «Tengo que reunir pruebas que muestren lo que sé que es verdad», el enfoque de la teoría fundamentada me obliga a dejar a un lado mis intereses y aportaciones para poder centrarme en las preocupaciones, intereses e ideas de la gente a la que entrevisto.

El proceso de codificación de datos es laborioso y difícil.

A mi marido, Steve, le gusta salir de la ciudad con los niños cuando entro en la fase de comparación, codificación y registro de las notas. Dice que le da cierto repelús, porque me dedico a caminar por la casa como en trance y murmurando por lo bajo, con un montón de folios amarillos en las manos. Es un proceso muy atractivo.

Lo que más adoro/odio de la teoría fundamentada es que nunca se acabe del todo. En efecto, la teoría que elabores a partir de tus datos será considerada «buena» en tanto sirva para explicar otros datos nuevos; y eso significa que cada vez que recojas una nueva historia o información tendrás que cotejarla con la teoría que has desarrollado para determinar si esta funciona, si suena real y si es aplicable a los nuevos datos.

Si sigues mi blog o has asistido a alguna de mis conferencias, es probable que puedas dar fe de que el proceso mediante el cual elaboro mis teorías evoluciona de forma permanente. Para respetar las historias que la gente me ha contado debo intentar captar su significado de forma rigurosa; y si bien todo eso supone un reto, la verdad es que a mí me encanta lo que hago.

Si estás realmente interesado en la teoría fundamentada o deseas obtener más información sobre la metodología, en mi página web encontrarás enlaces a artículos académicos sobre la teoría de la resiliencia a la vergüenza y la teoría sobre la vida de todo corazón (www.brenebrown.com).

ACERCA DE LA AUTORA

L A DOCTORA BRENÉ BROWN es investigadora, escritora y cate-
drática. Es también miembro del grupo de investigación
de la Escuela de Posgrado de Trabajo Social de la Universidad de
Houston, donde ha pasado los últimos diez años estudiando un
concepto que denomina «vivir de todo corazón». Para ello ha
planteado las siguientes preguntas: *¿Cómo nos implicamos en
nuestra vida desde una postura de autenticidad y sensación de valía personal? ¿Cómo cultivamos el coraje, la compasión y la conexión necesarios para aceptar nuestras imperfecciones y reconocer
que somos suficientes tal cual somos, merecemos vivir con amor y
dicha y necesitamos desarrollar una sensación de pertenencia?*

Brené pasó los primeros siete años de los diez que duró la
investigación estudiando cómo nos afectan las experiencias universales de la vergüenza y el miedo, y de qué manera la práctica de la resiliencia en nuestra vida cotidiana puede cambiar
nuestra forma de vivir, de amar, de educar a nuestros hijos y de
trabajar.

En 2008 fue nombrada investigadora residente de Salud Conductual en el Consejo sobre Alcohol y Drogas de Houston. Su
trabajo ha sido divulgado por la cadena de televisión estadouni-
dense PBS y la cadena de radio Oprah and Friends Radio Net-

work, y sus artículos han aparecido en las revistas *Self* y *Elle*, además de en diversos periódicos norteamericanos. Suele intervenir como invitada en programas de radio de todo Estados Unidos. La revista *Houston Women Magazine* la nombró una de las «50 mujeres más influyentes de 2009».

Además de este libro, es autora de *Creía que solo me pasaba a mí (pero no es así): La verdad acerca del perfeccionismo, la ineptitud y el poder* (Ed. Gaia, 2012) y *Wholehearted: Spiritual Adventures in Falling Apart, Growing Up, and Finding Joy* (Hazelden, en preparación). También es obra suya *Connections*, un programa psicoeducativo sobre la resiliencia a la vergüenza distribuido en Estados Unidos por profesionales del área de la salud mental y la lucha contra las adicciones.

Brené vive en Houston con su marido, Steve, y sus dos hijos pequeños, Ellen y Charlie.

Si deseas más información sobre Brené y su trabajo de investigación, puedes visitar la página www.brenebrown.com, o bien su blog en www.ordinarycourage.com. En su página web encontrarás también una lectura con audio de *Los dones de la imperfección* y una lista de lecturas recomendadas.